JN073593

どうすれば争いを止められるのか

17歳からの紛争解決学

上杉勇司
Uesugi Yuji

WAVE出版

ここは
ドングリ山にある
ドングリ広場。

今、この場所で
ある問題が
起きているんです……。

ボクの名前は
チビタ。

広場の隅に
友だちと一緒に
秘密基地をつくったんだ。

ところがそこに
乱暴者の
デカオがやってきた。

デカオの要求は**メチャクチャ**なものだった。

もちろん
そんな要求は
受け入れられない。

徹底抗戦だ！

だけど……

デカオは強い。
強すぎる。

争いは
どうすれば
止められるんだろう？

はじめに

今、私たちが生きている世界は「争い」に満ちています。

戦争、内戦、テロから、いじめ、差別、ＳＮＳの中傷合戦まで……。

どちらを向いても、対立や分断ばかりが社会を支配しているように思えます。

この「はじめに」を私が書いている瞬間も、みなさんが本書を読んでいる瞬間も、世界のどこかで争いが起き、たくさんの人の命が失われているのです。


では、その争いはなぜ起きるのか？

どうすれば争いを止めることができるのか？

そして、そのために私たちは何ができるのか？

これらの問いについて考えるのが、本書の目的です。

私は「紛争解決学」という学問を長く研究してきました。そして、その学びを実践するために紛争地を訪問し、紛争の当事者たちに寄り添ってきました。

紛争解決学とは、文字通り紛争を解決するための学問です。

なぜ紛争が起きるのか――。その原因を理解することで、暴力を用いることなく、紛争を解決することを目指します。紛争当事者の心理や彼らを取り巻く状況を分析することで、「争いを止める方法」を明らかにするのです。

「紛争」というと、日本では隣人トラブル、相続トラブル、不動産トラブルのように、法律によって解決する〝個人的なもめごと〟を表すときに使われます。

本書では、こうした問題は取り上げません。

紛争解決学では個人間の争いも「紛争」のひとつに位置づけていますし、「解決」策として裁判を選択することもあります。

しかし、紛争解決学で扱うのは、ロシアとウクライナの戦争や、アメリカによるアフガニスタンへの軍事侵攻、あるいは、独立以来70年以上も続いているミャンマーの内戦など、国際社会で起きている「大きな争い」だと考えてください。

ただし、この本は、世界の紛争を一つひとつ取り上げてその原因を分析したり、今後の展開を予測したりするものではありません。そういった新聞の解説コラムのようなものではなく、世の中の争いに共通する特徴や解決策について、わかりやすく解説する内容になっています。

ただ、この「わかりやすく」という点が、実は難しいのです。

実際、世界で起きている紛争について解説すると、「複雑でよくわからない」「なぜ、それが争いになるんですか」「関係する国が多すぎて混乱する」という声をよく聞きます。

また、「紛争」自体の複雑さに加えて、「解決」の難しさもあります。

争いには、必ずその問題をめぐる関係者がいます。

そして、当然ながら、その関係者の考えはひとつではありません。

絶対に守らなくてはならない、一番大切なものは何か？

何におびえ、どのような脅威を取り除きたいと思っているのか？

最終的にどんな結論を望んでいるのか？

この質問の答えは、関係者の立場によってまったく違ったものになるでしょう。

しかも、関係者の考えは、置かれた状況や時間の変化につれて移りゆくものです。

複数の関係者の異なる要求を調整し、ひとつの解決策に落とし込んでいく――。

紛争解決とは、まるで難しい「連立方程式」を解いていくような作業なのです。

このように、紛争解決学はなかなか一筋縄（ひとすじなわ）ではいかない研究分野なのですが、本書はその入門編となるよう、シンプルな説明を試みました。

また、たくさんの人に理解してもらえるよう、専門的な言葉も除いています。

私はこの本を、若い読者に届くように願いながら書きました。

それが、サブタイトルを「17歳からの紛争解決学」とした理由です。

あえて「17歳からの～」としたのは、冒頭に書いたような「争いに満ちた社会」に出る前に、社会の本質を見抜く力を養ってほしいと考えたからです。

もちろん、すでに社会に出た人たちにとっても、本書の内容は目の前の問題を解決するヒントになるでしょう。その意味では、争いを止めたいと考えているすべての人が、この本の読者なのです。

大切なのは、世界で起きている紛争から、私たち自身が争いを避けるヒントを学ぶことです。

争いの規模が大きくなれば、それだけ苦しむ人々は増えるでしょう。

同時に、あなたが巻き込まれてしまった争いがどんなに小さくても、あなたにとっての苦しみは耐えがたいものになるに違いありません。

だからこそ、本書で取り上げる「大きな争い」の発生や拡大、解決のプロセスを学ぶことは、私たち一人ひとりが争いに直面したときの参考になるはずです。

みなさんが世界の紛争のニュースを耳にしたときに、この本で得た新たな視点によって考えを深めてもらえたら、著者としてこれほどうれしいことはありません。

上杉勇司

はじめに　10

紛争地マップ　22

第1章　紛争解決学のトビラを開く

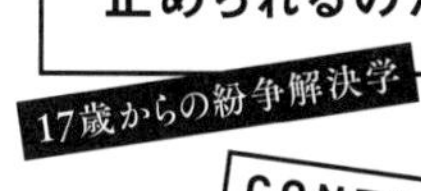

CONTENTS

第2章 争いは暴力で解決できるのか

第3章 争いの「正義」とは何か

第4章 世界の平和はどうすれば守られるのか

第5章 どうすれば争いを止められるのか

第6章 私たちが争いを避けるために

紛争地マップ
北方領土
尖閣諸島
ミンダナオ（フィリピン）
東ティモール
こんなに
あるのね…

※第２次世界大戦後に起きた紛争のうち、本書で取り上げた主なものを示した。

本文DTP　さくまいずみ（ホームスチール）

第1章

紛争解決学の
トビラを開く

オイ、デカオ！
この秘密基地はオレたちがつくったものだぞ
そうだお前は関係ないじゃないか
あそこはもともとオレの遊び場だ
そこに勝手にお前が建てた
だからあれはオレのものなんだよ
な？
そうだろ？
証人だっているんだぜ
勝手に入ってきたのはお前らだろ
そんな…

ひどいぞーー!!
なーにやってんのよ
あっ愛ちゃん!!
秘密基地だってそんなに大きくないんだから
デカオくんも使わせてあげれば?
ドングリ広場
イ・ヤ・だ・ね
今すぐとりこわせ!
勝手に決めるな!
絶対にどかないからな
なんだとーっ

そもそも「紛争」って何なの？

●「紛争」とはどんな状態なのか

みなさんは「紛争」と聞いて、どのようなものを想像しますか？
「紛争」と似た言葉に「戦争」という言葉がありますよね。
しかし、この2つは似ているようで違います。
民族紛争とは言いますが、民族戦争という表現はあまり聞きません。
逆に太平洋戦争とは言いますが、太平洋紛争とは言いません。
私たちは、紛争と戦争の定義をあまり深く意識せずに使い分けています。
そこでまずは、本書における「紛争」の定義をしておきましょう。
紛争解決学では、「紛争」を次のように定義しています。

「個人や集団が、同時に両立不可能なものをそれぞれ得ようとし、かつ目的実現のためには実力の行使も厭（いと）わず、自らが一方的に目標を達成しようとしている状態」

抽象的なので、このままではわかりづらいかもしれません。

ここで、チビタとデカオの話を思い出してください。

チビタたちがつくった秘密基地を、デカオは力ずくで占拠しようとしました。

2人はあくまでも基地は自分のものだと主張します（あとからきたデカオが所有権を主張するのは無理がある気がしますが……）。そして、とっくみあいのケンカを始めてしまいました。2人の間で「紛争」が起きたわけです。

●紛争を成立させる3つのポイント

この定義の中で、押さえておくべきポイントが3つあります。

まずは紛争の「当事者」について。

当事者とは、何らかの理由があって直接争っている人たちのことです。

紛争の現場では、個人と集団、どちらも当事者になる可能性があります。

次に、当事者が望んでいる目的が、相手と同時に実現できない（両立不可能な）状況であること。これが2番目のポイントです。

チビタとデカオは2人とも秘密基地を独占したいと考えています。

しかし、どちらも基地は自分のものだと主張しているので、同時に目的を実現することはできません。

さらに2人は穏やかに話し合うことなく、殴り合い（実力行使）を始めてしまいました。これが第3のポイントです。

争いが話し合いで解決せず、暴力を用いるレベルまで悪化したものを「武力紛争」と呼びます。

ここではわかりやすく説明するために、チビタとデカオのケンカを例にしていますが、どんなに激しい争いでも、普通はとっくみあいのケンカを「武力紛争」とは呼びません。紛争の当事者が国や集団の場合、とっくみあいのケンカが軍事力による「武力行使」になり、そこまで発展したものが「武力紛争」になるわけです。

同時に
両立不可能
家でゲーム
してたいん
だよォ
ショッピングに行くって
言ったじゃん!!
実力行使
一方的に目的を達成しようとしている
紛争勃発

●内戦と革命の関係とは？

先ほど、紛争の当事者には個人と集団があると書きました。チビタとデカオの争いは個人レベルの紛争なので、専門的には個人間紛争と呼ばれます。

一方、集団と集団が争うものが集団間紛争です。バス会社の運転手たちが職場の環境を改善してほしいと会社と話し合う争い（団体交渉）も、異なる民族や宗教間の争いも、集団間紛争に当てはまります。

対立状態にある集団の一方が「国家」というケースもあるでしょう。国家と、その国内の特定の集団（反政府勢力）が争っている場合は、国内紛争、あるいは内戦と呼ばれます。

たとえばミャンマーでは、国（ミャンマー軍）が複数の少数民族と70年以上も武力を使って争ってきました。これは内戦です。

国内紛争の中でも、すでに成立している政権が武力闘争や※クーデターによって倒された場合、その争いは「革命」と呼ばれます。

※暴力的な手段で政治権力を奪う行為。

国際紛争
国内紛争
集団間紛争
戦争
国と国との戦争、
複数の国同士の
戦争
内戦
民族紛争、宗教紛争など
異なる立場の
集団同士の紛争
テロ
個人間
紛争
お金返して
ヤダ
紛争にも
いろいろ
あるんだネ

徳川幕府を倒した明治維新も革命の一種と言っていいでしょう。

逆に、既存の政権側が勝利した場合、反乱を起こした側は「国家転覆罪」の犯罪者として処罰されます。ですから、国内紛争はひとつの国の国内問題として捉えることができます。

●戦争と紛争はどう違う？

ここで、最初の問いに戻りましょう。

戦争と紛争、この２つにはどんな違いがあるのでしょうか？

２０２２年のロシアによるウクライナ侵攻は、ロシアとウクライナという国同士の争いに発展しました。こうした国と国との武力紛争を、一般的に「戦争」と呼びます。

第２次世界大戦は、枢軸国と連合国と呼ばれた２つの同盟間の争いでした。

これも、もちろん戦争です。

ニュースなどで「国際紛争」という言葉を聞いたことがあると思います。

国際紛争と戦争はどう違うのか、といった疑問が出るかもしれません。

「国際紛争」という言葉は、「武力紛争」になる前の段階で、国同士の非常に危険な状態の対立を指すときにも使われます。

国連が制裁（↓153ページ）に踏み切る前の混乱状態や、平和を維持するための介入が必要な場面で用いられることもあります。

つまり、紛争の方がより広い「争い」を意味し、紛争の中でも基本的に国家同士が争うもので、特定の条件を満たしたものが「戦争」として区別されるのです。

ところで、争いが話し合いで解決せず、暴力を用いるレベルまで悪化したものを「武力紛争」と呼ぶ、と先ほど書きました。

これについても補足しておきましょう。

「暴力」には2種類あり、直接的な暴力と間接的な暴力に分けられます。

直接的な暴力とは、私たちが真っ先にイメージする「殴る」「蹴る」のような暴力のこと。もちろん、爆弾を落とす行為も直接的な暴力です。

一方、間接的な暴力とは、「目に見えない暴力」のことです（↓71ページ）。

本書で「武力紛争」と表現する場合には、直接的な暴力が使われている状況だと考えてください。

どうして紛争が起きてしまうの？

●紛争の原因は民族や宗教なの？

「紛争」という言葉から、民族紛争や宗教紛争を連想する人は多いと思います。これらは文字通り民族や宗教の違いで争いが生じていることを示しています。

また、第2次大戦後の冷戦時代には、資本主義と共産主義という思想（イデオロギー）の対立が紛争の原因となっていました。

米ソを中心に世界を二分した冷戦は、思想をめぐる紛争だったのです。

では、紛争を引き起こす原因は、民族、宗教、思想の違いなのでしょうか。

確かに、個別の紛争を見ていけば、民族や宗教、思想の違いによって対立する勢力が分かれることは、よくある話です。

これには理由があります。争いに勝つためには味方の強い結束力が必要であり、仲間意識や信仰心は人々を強い絆（きずな）で結びつけやすいからです。

しかし、本書では、民族、宗教、思想の違いは紛争の根本的な「原因」ではなく、紛争に利用される「手段」であると考えます。

人々に恐怖を植えつけたり、ひとつの方向にまとめあげたり、自分たちの仲間（戦争であれば自国民）を戦場に向かわせたりするための手段と言ってもいいでしょう。

●思想にこだわらなかった中国

思想が紛争の原因ではないことを示す、こんな例があります。

朝鮮戦争やベトナム戦争は、冷戦の思想対立の影響から勃発しました。

ところが、その対立関係を見ていけば、おかしなことに気づきます。

朝鮮戦争で資本主義国アメリカと戦った中国は、その後、※中越戦争では同じ共産主義を掲げたベトナムと戦っています。

さらに、中国とソ連は同じ共産主義の国でしたが、その方針や路線で対立。両国の間の緊張が高まると、中国は「敵」であるはずのアメリカと接近しました。

※1979年、文化大革命後の中国とベトナム戦争後のベトナムによる戦争。中国軍がすぐに撤退したため、短期間で終わった。

米中両国はそれまでの敵対的な関係を見直し、国交樹立を果たします。

つまり「敵の敵は味方」の論理が優先され、思想の違いを乗り越えてしまったわけです。だとしたら、紛争の原因である「敵の敵は味方」の論理とは何でしょう？

●紛争を引き起こす根本的な原因とは？

人間社会では、３人集まれば派閥ができると言われています。

なぜでしょうか？

それは「権力闘争」に有利だからです。私たちは、学校でも職場でも仲間を見つけて孤立しない術を身につけてきました。自分だけが不利な状況にならないためです。

だから、数で有利になるように集団をつくろうとする。

集団をつくり、権力闘争を有利に運ぼうとするのです。

敵の敵は味方。

これはまさに権力闘争の考え方です。このことから、紛争の原因を突き詰めていくと、権力闘争に行き着くことがわかるでしょう。

敵の敵は…
味方!?
考え方の
違いを超えて
手を結ぶ
こともある
考え方が同じでも
別の理由で
対立することもある

●権力闘争をなくすことは不可能？

19世紀の軍人で戦略家の※クラウゼヴィッツは、彼が書いた『戦争論』という本の中で、戦争を「政治」の延長線上にあるものとして位置づけました。

政治の本質は、権力闘争です。別の言い方をすれば、権力闘争を勝ち抜き、当事者たちの利害関係を調整する術こそが、政治だと言えるかもしれません。

そうであれば、権力闘争と戦争は深いところでつながっていることになります。

権力闘争は、私たちがもともと持っている「生き残り（種の保存）の本能」から生まれます。ですから、これを抑え込むことは難しいでしょう。

紛争の根本は「権力闘争」であり、それは私たち人間の本能に根ざしている。こんなふうに言うと、紛争の解決なんて絶対に無理ではないかと思えてきます。

でも、あきらめないでください。悲観的な結論を出すのは、まだ早すぎます。

●暴力を使って欲求を満たさない

権力闘争とは、欲望を追い求めることで生まれます。

※プロイセン（現在の北ドイツからポーランド西部を統治した国）の軍人としてナポレオンが率いるフランス軍と戦ったあと、『戦争論』を執筆した。『戦争論』は「戦争とは何か」という本質的な問いを追求した名著で、現在も広く読み継がれている。

同時に、自分の地位や財産が奪われるのではないかという恐怖が、私たちを紛争にかりたてます。それなら欲望を満たし、恐怖をなくす道が見つかれば、紛争を解決することができるはずです。

戦争や紛争は、発作的・突発的な衝動によって発生するのではありません。熟慮を重ね、戦略を練り、計画を立て、じっくり用意したうえで起きるものです。そこには人の「意思」があります。

つまり、人間の判断や選択の結果として紛争が起きるのです。だとすれば、紛争に暴力を持ち込まない努力や、一時的にでも暴力行為を避けるように試みることは可能ではないでしょうか。

紛争の原因が、私たち人間の欲求を満たそうとする本能だとしても、その欲求を満たすには、必ずしも暴力を用いる必要はありません。

暴力に頼らない道を探してみる。そして、平和を少しでも長く続けようと試みる。これが、紛争解決の肝なのです。

どうして紛争は終わらないの？

●紛争は突然始まるわけではない

私たちは、ほとんどの場合、テレビや新聞、ネットの報道によって武力紛争が勃発したことを知るでしょう。

この「勃発」という言葉は曲者（くせもの）です。勃発という言葉からは、「予想もしなかったところから急に火が出た」というサプライズ的な印象を受けます。

しかし、そうではなく、実際には過去の「見えないプロセス」があるのです。

これは「花火」にたとえるとわかりやすいかもしれません。

花火大会で私たちが花火に気づくのは、ドーンと大きな光輪が夜空に描かれたときです。でも、その前には花火玉がシュルシュルと空にのぼっていったでしょう。

その前には花火師が筒に点火をしたでしょうし、さらに遡（さかのぼ）れば筒の中に花火玉が準備されていたはずです。つまり、花火はいきなり夜空で花開くのではなく、そこに至るまでのプロセスがあるのです。

●ルワンダ大虐殺の真相

このことをよく示す事例を紹介します。

1994年4月から7月にかけて、東アフリカのルワンダで大虐殺が起きました。人口が約700万人の国で、10人にひとりが殺されたのです。

当時のルワンダは、フツとツチという2つの主要民族に分かれていました。そして、この虐殺は多数派のフツによって少数派のツチが殺されるという大惨事でした。

この歴史的な大虐殺では、フツが加害者でツチが被害者だという見方が一般的です。

しかし、本当にそうでしょうか。

実際にはフツなのに殺された人もいましたし、ツチであるにもかかわらず、殺戮(さつりく)に加わった人もいました。

また、大虐殺という出来事に寄っていたカメラを引いていくと、事件の前後にもフツとツチの間で殺戮の応酬があったことがわかります。

一方が加害者で他方が被害者という単純な区別はできないのです。

もちろん、加害者が被害者でもあったからといって、罪がなくなるわけではありません。強調しておきたいのは、紛争とは当事者間のこれまでやりとりの結果だということです。そして、その「結果」がさらに次の暴力を呼び込んでしまう。

こうして復讐の連鎖が続いていくのです。

紛争には必ず「火種」が存在します。ですから、紛争の全体像を知るには、もともとの争いが武力紛争にまで発展してしまった理由を探ることが大事なのです。

●なぜ紛争は悪化するのか

紛争は、発生、悪化、沈静化などさまざまな過程をたどるものです。解決しない紛争はないと言えますが、いったん起きてしまうと泥沼化する傾向にあります。

なぜ紛争が泥沼化するのか、そのメカニズムについて考えていきましょう。

紛争とは、「個人や集団が、同時に両立不可能なものをそれぞれ得ようとし、かつ目的実現のためには実力行使も厭わず、自らが一方的に目標を達成しようとしている状態」でした。

ポイントは「両立不可能な状況」が存在することです。

紛争当事者たちは「両立不可能な状況」を変えるために協力したり譲り合ったりするのではなく、できるだけ自分たちに有利な条件で今の状況を変えようとします。

実は、ここに紛争が悪化する原因が潜んでいるのです。

多くの当事者は、「強い態度で交渉に臨む」「武力で威嚇(いかく)する」「相手に要求を飲ませる」ことしか考えていません。

その背景には「正しいのはこちらの要求だ。相手は間違っている」という認識や、「こっちの方が強いから勝ち目がある」といった判断があります。

これは、当事者たちの情勢判断によって紛争が悪化していくことを示しています。

そして、その誤った判断が当事者同士の協力を阻(はば)み、解決を遠ざけてしまうのです。

このしくみは個人の紛争でも国際紛争でも変わりません。

●なぜクレーンゲームはやめられない？

当事者の判断を誤らせる原因のひとつが「サンクコスト（埋没費用）」です。

サンクコストとは、過去に支払ったお金や費やした時間、労力で回収不可能なもののことです。これらを「もったいない」と惜しむ意識が物事の決定に影響を与えることを〝サンクコスト効果〟と言います。

身近な例は、ゲームセンターなどにあるクレーンゲーム（ＵＦＯキャッチャー）でしょう。このゲームはサンクコスト効果を利用して収益を上げています。

実際にゲームをしている場面を想像してください。

あなたはまず、５００円を投入してぬいぐるみを手に入れようとします。

試行錯誤を繰り返し、少しずつぬいぐるみの場所を移動させることには成功しましたが、結局５００円を使ってもぬいぐるみを取ることはできませんでした。

こんなとき、私たちの頭には、ある考えが浮かびます。

（ここでゲームをやめたら５００円がムダになってしまう……）

ぬいぐるみを手に入れる確率は高くなった（ように見える）ので、さらに５００円をつぎ込んで目的を達成しようとします。

すでに1000円をムダにしているが、
次で絶対に落とせるという
根拠のない自信がある
あと1回…
あと1回…!
サンクコストの
ワナにはまってるな…

ところが、やはり「あと一歩」でぬいぐるみが落ちてしまったとしましょう。

ここでも前回と同じ心理が働き、これまで投資した1000円をみすみす捨てるより、新たにコインを投入してゲームを続けた方が損をしないのではないかと考えてしまいます。

「獲物」がほぼ手に入りそうな状況下で新規に投入する500円は、これまでに支払った1000円に比べれば少なく感じられます。

それまでに費やしたお金や時間を考えた場合、目標を達成できなかったとしても、ここで立ち去るのが賢明な判断でしょう。でも、それまでに費やした1000円（サンクコスト）が気になって、やめることを「もったいない」と考えてしまうのです。

この思考には、これまで「犠牲」にした資産（時間、お金、政治力、人命など）の回収（初期の目標の達成）が重視されすぎていて、続けることで生まれる「新たな出費」が考慮されていません。

「ゲームに負けた」という見たくない現実に向き合うより、決着がつかない状態が続くことを望んでしまうのでしょう。

このような心理状態に陥ってしまった当事者の目を覚ますことができなければ、紛争は泥沼に陥ります。

●根拠のない期待も紛争を悪化させる

私たちは希望的観測によっても判断を誤ります。

第2次世界大戦中、日本はソ連が中立を保つことを期待していました。さらに、ソ連にはアメリカとの和平交渉を仲介してもらおうとまで考えていました。

しかし、その「期待」はあっけなく裏切られ、ソ連が一方的に参戦してきました。相手の視点に立って考えることをせず、自分の置かれた立場から都合のいい分析をしてしまったことが判断ミスの原因でしょう。

「紛争の原因は何か？」という問題の理解に加えて、紛争はどのような状況下で起き、どのように悪化していくのかを理解しておくことも大切なのです。

紛争って複雑でわかりにくいんだけど……

●紛争を単純化するＡＢＣ三角形

よく、「世界で起きている紛争は、複雑でわかりにくい」と言われます。紛争は、宗教や民族、思想、その土地に住む人々の歴史などが複雑にからみ合って起きるため、一度説明されただけではピンときません。テレビや新聞ではわかりやすく伝える工夫がされていますが、それでも理解が追いつかないこともあるでしょう。

紛争解決学の世界では、複雑な争いを単純化する手法があります。

ノルウェーの平和研究者ヨハン・ガルトゥングは、紛争の実態をつかむために「ＡＢＣ三角形」という分析法を提唱しました。この分析法の長所は、紛争を観察する

〝3つの視点〟を私たちに提供してくれるところです。

ABC三角形の「ABC」は、次の3項目の頭文字です。

- **態度（Attitude）　当事者がどんな感情を抱いたのか**
- **行為（Behavior）　当事者がどんな行動に出たか**
- **背景（Context/Contradiction）　当事者がなぜ紛争に陥ったのか**

こんな例で考えてみましょう。

花子さんは彼氏の太郎くんに対して怒っています（A＝態度）。しばらく口をきいていなかったのですが、あるとき、口論になって太郎くんにビンタをします（B＝行為）。太郎くんは、花子さんに内緒でヒカルちゃんという女の子と2人で会っていたのですが、花子さんはその現場を見てしまったのです（C＝背景）。

これを別の角度から見てみましょう。

実は太郎くんは、花子さんに渡す誕生日プレゼントを選ぶのにヒカルちゃんに相談にのってもらっていたのでした（C＝背景）。

花子さんに問い詰められた太郎くんは焦ってしまい（A＝態度）、「ヒカルちゃん？知らないな。会っていないよ」と嘘をついてしまいました（B＝行為）。プレゼントのことはサプライズにしたかったのです。

太郎くんの嘘があからさまだったので、馬鹿にされていると思った花子さんは思わず手が出てしまいました。

このように、ＡＢＣ三角形で説明すれば、当事者の認識の差が明確になります。

●沖縄の基地問題をABC三角形で表すと?

では、ＡＢＣ三角形を実際の紛争に当てはめてみましょう。

ここでは沖縄の米軍基地問題を取り上げます。

普天間（ふてんま）飛行場の辺野古（へのこ）への移設について分析するとどうなるでしょうか。

この問題は複数の立場が対立する、一種の「紛争」と捉えることができます。

背景（Ｃ）から始めます。まず、日本国内にある米軍専用施設の70パーセント以上が沖縄県に集中しているという実態があります。この状況を変えるため、沖縄県は日本政府に対して、県内の米軍基地の整理縮小を求めてきました。

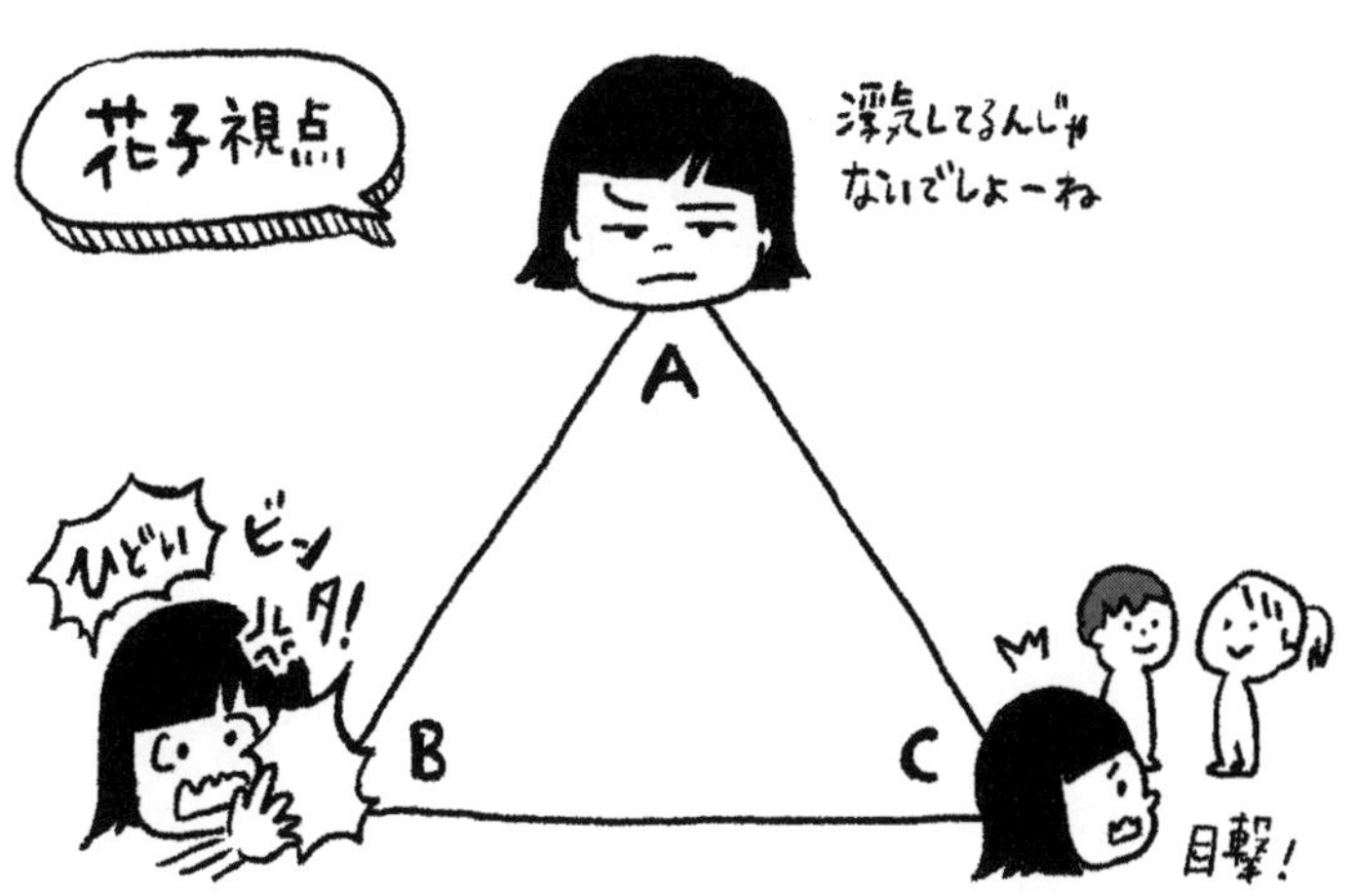

紛争を分析するABC三角形

その結果、米軍施設である普天間飛行場の返還が日米の間で合意されます。

ただし、返還条件として、代替施設を「辺野古」に建設することになりました。

次が行為（B）です。沖縄県は移設の条件をめぐって日本政府と交渉してきました。

移設を認めていた県知事が選挙で敗れ、辺野古への移設反対が沖縄県民の意思（民意）として示されました。

日本政府は沖縄県に対して補助金を提供することで県民の支持を得ようとしますが、一方で、移設計画の見直しや廃止には応じません。そして、移設のための工事を事務的に進めます。

これに対して沖縄県は反対を唱え、抗議行動を起こす人たちも現れました。

態度（A）では、沖縄県民の多くは民意を尊重しない日本政府に怒り、日本国民の無関心さに憤っています。このような状況に行き詰まりを感じ、失望を隠せません。不平等な待遇に対して、差別されているという感情も芽生えています。

一方、日本政府は、補助金などの提供と引き換えにいったんは合意を得たのに、反対運動によって計画がなかなか進まないことを憂慮しています。

いつ 工事が
終わるのか…
移設反対
沖縄の民意
補助金を提供し
移設を進める
米軍施設の
70%が
沖縄に集中
日米関係のプレッシャー
イツイセツ
デキンノヨ！

アメリカとの合意から25年以上が過ぎても、普天間飛行場の返還が実現できていないことに焦りを感じてもいるでしょう。

沖縄県民の意思と、アメリカからの要請との間で「板挟み」の状態です。両方の希望を実現することは簡単ではありません。

●ABC三角形も万能ではない

ここから読み取れるように、争いに発展した理由の捉え方は、沖縄県側と日本政府側でそれぞれ異なります。私たちは紛争をひとつの視点だけで見てしまいがちですが、ABC三角形を使うと、今まで気づかなかった視点が得られるのです。

ただし、この分析法にはいくつか注意すべき点があります。

まず、ABC三角形で理解できるのは、あくまでも紛争の「一部」だということ。実際の紛争には関係者の考えや特別な事情が複雑にからみ合いますが、これを2つの違った立場の対立としてシンプルにすると、見えなくなる部分も出てきます。

沖縄の基地問題では、日本政府と沖縄の関係だけにスポットが当たりがちですが、アメリカの意向や中国の存在を三角形の中に「見せる」ことはできません。
また、３つの要素はお互いに影響を与え合って変化していくものです。
しかし、ＡＢＣ三角形には、状況とともに移り変わる動きを描写する力はありません。たとえて言うなら、当事者や利害関係者の中から、特定の２者の関係にググッと近づいてシャッターを切って撮影された静止画のようなもの。動画を記録することはできないのです。

さらにＡＢＣ三角形を使った分析では、態度（Attitude）と行為（Behavior）を明確に分けにくい場合もあります。

このように注意すべき点はありますが、あまり深く考える必要はないでしょう。あくまでも、紛争を多角的に捉えることができればいいのです。

重要なのは、複雑な紛争を構成しているパーツを丁寧に分解したうえで、パズルを組み合わせるように、もう一度全体像を組み立てていくことなのです。

紛争を解決することなんてできるの？

●紛争解決に成功したカンボジア

シリアでは、2011年から10年以上内戦が続いています。また、ミャンマーでは1948年の独立以来、内戦が終わっていません。この事実を知れば、「紛争を解決することなんてできるの？」と疑ってしまう人もいるでしょう。

無理もありません。世界の紛争の多くは、さまざまな当事者の思惑や利害が複雑にからみ合って起きているからです。

しかし、紛争は解決することができます。

「どうして紛争が起きてしまうの？」の項目（↓36ページ）では、当事者たちの欲望を満たし、恐怖をなくすことができれば紛争解決が理論上可能であると述べました。

ここでは、実際に解決に至った紛争としてカンボジアの例を紹介しましょう。

カンボジアでは、1975年に首都のプノンペンが※ポルポト派と呼ばれる勢力の支配下に置かれると、隣国のベトナムが介入します。そして、4つのグループによる泥沼の内戦へと発展していきました。

各グループは、それぞれアメリカ、ベトナム=ソ連、中国、フランスの支援を受け、争いはさらに複雑になりました。

ところが、やがて冷戦が終わり、米ソの対立が解消されます。

アメリカは争いを続ける意味を失い、ソ連からの財政支援を失ったベトナムも手を引きます。中国は支援していたポルポト派に見切りをつけました。

このように世界の情勢が動くなか、内戦の当事者たちは解決策を探り始めました。どの勢力も、このまま戦い続けたところで完全な勝利は得られないと悟ったのです。そこで日本を含む国際社会が和平交渉のお膳立てをし、4つのグループが交渉のテーブルにつきました。最終的には、武力ではなく選挙によって決着をつけることが合意され、和平協定が結ばれたのです。

※ポル＝ポト（本名サロト＝サル）が率いたカンボジアの武装革命組織。1975年に権力を握ると、知識人を中心に国民の大虐殺を行った。死者は150万～200万人とも言われ、これは当時のカンボジア国民の約4分の1にあたる。

とはいえ、これですぐに平和が訪れたわけではありません。選挙妨害、クーデター、候補者への脅迫、暗殺など、恐ろしい出来事が次々に起こり、そのたびに安定した国づくりが停滞します。

こうした状態を「平和」と言えるのかどうかは、意見が分かれるかもしれません。しかし、1991年の和平合意から現在に至るまで、30年以上、カンボジアは内戦に逆戻りしていません。平均経済成長率も、和平成立後の30年間は7・41パーセントという高い水準を記録していたのです。

他にも、ベトナム、ルワンダ、スリランカ、東ティモール、ネパール、インドネシア、エルサルバドル、モザンビーク、旧ユーゴスラビアなど、多くの国々が第2次世界大戦後に武力紛争を経験し、その後に和平を実現しています。

もちろん、和平の実現と紛争の解決は必ずしもイコールではありません。和平が実現してからも争いの記憶は残り、当事者たちが相手に対して憎しみや恐れを抱き続けている場合もあります。

では、紛争を本当の意味で解決するには、どうすればいいのでしょうか？

いつまでやってんのよ
カラオケに行って仲直りするわよ
疲れたしそろそろやめたいと思っている
こちらからケンカをふっかけたのでやめるにやめられない

●紛争の解決とはどんな状態？

紛争の原因が根本から取り除かれ、未来に対する不安や心配がまったくなくなった状態、または、過去の戦いや報復によって生まれた恨みや憤り、敵意、恐れ（ABC三角形のA）が完全に消え去った状態を「解決」とするのであれば、その実現はかなり難しいでしょう。

では、戦場での戦闘行為が政治の世界の選挙戦に変わり（ABC三角形のB）、争いが日常だった状況に変化が見られた（ABC三角形のC）としたら、どうでしょうか？　少なくとも、人々が武器を取り合って殺し合うといった最悪の事態が避けられている状態を「解決」だとするなら、先に挙げた国々では、何とかその基準をクリアしていると言えます。

なかには、戦闘がなくなったことで、少しずつ生活の立て直しや国づくりをスタートさせた例もあります。

もちろん、すべての紛争がうまく解決されるわけではありません。

今も争いの泥沼から抜け出せない人たちもいます。
しかし、紛争を解決することは不可能ではないのです。
では、どうすれば和平を実現することができるのでしょうか？
これについては、後ほど詳しく説明していきたいと思います。

コラム

安全地帯

サッカーがきっかけで起きた戦争

1969年、中米のホンジュラスとエルサルバドルとの間で戦争が起きました。

原因となったのは、サッカーの試合結果です。

この年、1970年にメキシコで開催されるワールドカップの予選が行われ、第1戦がホンジュラス、第2戦ではエルサルバドルが勝ちます。

続く第3戦でエルサルバドルが勝利し、ホンジュラスの予選敗退が決まると、それが引き金になって、両国は開戦。お互いの空軍が相手国の空港や軍事施設を爆撃するほどの本格的な戦争に発展してしまいました。

実はサッカーの試合前から両国間には領土や移民問題で緊張状態が続いていました。相手国への不満や怒りが、サッカーの結果をきっかけに表面化したのです。

結局、戦争は4日間で終結しましたが、2000人以上の死者が出ました。

逆に「小競り合い」が大きな争いに発展しなかった例もあります。

２０２０年６月、ある衝撃的なニュースが世界をかけめぐりました。

「中国軍とインド軍がカシミール地方の国境で激突」

この報道で中国とインドの間に緊張が高まるのではないか、という不安が広がりました。

もともと中国とインドは、このカシミール地方の領有権をめぐって争ってきました。１９６２年以来、両軍は国境を挟んでにらみあいを続けてきたのです。

そのピリピリした空気が、両軍の激突で破られました。

それにしても、なぜこの事件が「衝撃的」だったのでしょう?

中国とインドには、ミサイル、戦闘機、機関銃といった兵器があります。それだけではありません。どちらも核兵器を持っています。そんな両軍が本格的に争えば、世界に影響を与える大惨事を招くかもしれません。

ところが、実際には「兵器」は使われませんでした。

兵士たちは素手や棍棒で殴り合ったそうです。この21世紀に、まるで原始時代に逆戻りしたかのようなケンカが展開されたのでした。

なぜ、彼らは兵器を使わなかったのでしょうか？

両軍には「戦闘をこれ以上拡大させてはならない」という共通の思いがありました。小さな衝突は避けられなかったとしても、それが本格的な武力紛争に発展することは防ぎたかったのです。

事件後、両国の政府が争いを鎮（しず）めようと努めたことも重要でしょう。殴り合いのケンカとはいえ、死者が出たのです。報道の仕方によっては、お互いの国民感情が刺激され、紛争がさらに激しくなっていたかもしれません。争いをヒートアップさせるかどうかは、リーダーの判断次第なのです。

第2章

争いは暴力で解決できるのか

チビタくん…
大丈夫？
暴力で
解決するなんて
よくないわョ
暴力
NO
ダメゼッタイ
オレたちは ただ
デカオの暴力に
抵抗してるだけだよ
それに…
ちゃんと反撃
しなきゃ
大事な秘密基地が
とられちゃうよ
秘密基地を守るには
デカオを圧倒的な力で
倒さなきゃダメなんだ
ワハハハハ

ボクに今の
10倍の力が
あったらな
正しいことに
その力を
使うんだけど
だけどそれじゃ
デカオくんと
同じじゃん
そりゃ
そうだけど…
強い力を使わないで
自由を手に入れる
なんて無理じゃないか？
……
さっきは
負けたけど
今度デカオが
来たら一発で…
ガサッ
ウワァッ
!?
ネコか…
「一発で」って
言ってたの
誰だっけ？

「暴力」にも種類があるの？

●紛争と暴力の切っても切れない関係とは

ここからは、争いで使われる「暴力」について考えてみたいと思います。

第1章では、「話し合いで争いが解決せず、暴力で解決するレベルまで悪化した争いを〝武力紛争〟と呼ぶ」と説明しました。

これはとても重要なポイントです。

どんなに激しい争いであっても、それが合意されたルールに従って行われる議論や競技なら、何の問題もありません。

しかし、争いを解決する手段として暴力が使われれば、話は別です。

暴力を受けた側は、肉体的・精神的に大きなダメージを受けるでしょう。

それどころか、度が過ぎれば被害者が命を落とすことだってあるかもしれません。
そのため、紛争解決学では暴力をともなう紛争に注目します。

●殴る蹴るだけが暴力ではない

第1章で、暴力には直接的な暴力と間接的な暴力があると書きました。

直接的な暴力とは相手の身体に危害を与える暴力で、「物理的な暴力」と言っていいでしょう。一方、間接的な暴力とは〝目に見えない〟暴力のことで、差別発言やハラスメントのように、相手の心を攻撃する「精神的な暴力」を含みます。

直接的暴力と間接的な暴力。この2つの一番の違いは何でしょうか。

それは加害者と被害者の「関係性」です。

直接的暴力の場合は、加害者と被害者の関係が明らかです。

たとえば、深夜にAさんが帰宅を急いでいると、いきなり覆面をかぶった男に襲われました。覆面男は何度もAさんの顔を殴(なぐ)り、カバンと財布を盗んで逃走しました。

この場合、誰が加害者で、誰が被害者かは明らかでしょう。

ところが、間接的な暴力では、少し話が複雑になります。

●差別の加害者は誰なのか？

間接的な暴力の場合、加害者と被害者の関係を明らかにすることは簡単ではありません。たとえば、ある人の差別的な発言がＳＮＳを通じて拡散され、たくさんの人が不愉快な思いをしたとしましょう。その場合、加害者は明らかであっても、被害者、つまり誰が心に傷を負ったかを正確に特定することはできません。

逆のケースもあります。

かつて南アフリカ共和国には、黒人が少数の白人に差別的に扱われていた「アパルトヘイト」という人種隔離政策がありました（１９９１年に撤廃）。この政策によって黒人は住む場所を自由に決められず、多くの人がスラムや狭い居住区で生活しなければならなかったのです。

アパルトヘイトで差別的待遇を受けていた被害者を特定するのは簡単でしょう。では、加害者は誰かと言われると……どうでしょうか。

加害者は当時の南アフリカの大統領でしょうか。あるいは、法律にもとづいて権力を行使した警察官でしょうか。その政策に賛同した有権者も加害者に含められるのでしょうか。このように、間接的な暴力は誰が加害者で誰が被害者なのかが見えにくいという特徴があるのです。

間接的な暴力のことをヨハン・ガルトゥング（↓50ページ）は「構造的な暴力」と呼びました。彼はアパルトヘイトのように社会のしくみによって差別が固定されてしまっているものを、広い意味での「暴力」だと主張したのです。

間接的な暴力はどうして危険なの？

●言葉は心を傷つける凶器にもなる

「言葉」による攻撃は、相手に直接的な危害を与えるわけではありません。ですから、分類するなら間接的な暴力です。

しかし、その影響力の強さについて、私たちはもっと意識を向けるべきでしょう。

今、SNSは私たちの生活になくてはならない便利な道具となりました。

SNSは、新しいコミュニティーに居場所を見つけたり、貴重な情報を交換したりと、うまく使えば私たちの生活を豊かにしてくれます。

しかし、逆に強い言葉が個人を精神的に追い込んでしまうケースもあります。

言葉はときに鋭い刃となって、人の心を切り裂きます。悪口や陰口、根も葉もない噂、誹謗中傷、ヘイト・スピーチ……。これらは人を傷つける立派な暴力です。

言葉が人を追い詰める傾向は、何もSNSが普及してから始まったわけではありません。戦時中の日本でも、戦争に反対する人に「国賊」「非国民」「※売国奴」といった罵詈雑言がぶつけられました。

私たちは自分が忌み嫌うものや受け入れられないものに対して、ネガティブな表現を使うことがあります。そういった表現を意識して選ぶ場合もあれば、悪意や嫌悪の感情が無意識のうちに言葉の選択に現れてしまうこともあるでしょう。

第1章で紹介したルワンダの大虐殺では、ラジオが一般の人々の恐怖や憎悪をあおりました。そして、殺害の対象となった人々を「ゴキブリ」と呼び、彼らの排除がラジオ放送を通じて訴えかけられました。その言葉に反応した人たちが、何の罪もない人々をナタやナイフで殺害したのです。

武器を使った襲撃はまぎれもない暴力です。しかし、その背後には自分とは異なる集団に対する差別、敵意、嫌悪感、恐怖心といったものを生み出した言葉の暴力があったのです。

※自分の利益を得るために国を裏切った者のこと。

日常生活の中で、自覚がないまま「暴力」に加担している人もいます。

コロナ禍の緊急事態宣言中に、営業を続ける飲食店の壁に「営業を自粛しろ」「火をつけるぞ」という〝いたずら書き〟がされていたというニュースがありました。書き込んだ人は「正義の鉄槌（てっつい）」を下（くだ）したつもりだったのでしょう。しかし、これも一種の暴力であることには変わりありません。

批判したい相手を悪魔や人種差別主義者と決めつける人、他者を差別する言葉を書いたプラカードを掲げてデモ行進に参加する人も同じでしょう。彼らは、まぎれもなく暴力行為に手を染めているのです。

●「仲間はずれ」という暴力

いじめの典型的な例に「仲間はずれ」があります。

これも無自覚な暴力でしょう。

仲間として認められることは、クラスや職場など狭い集団の中で生きていくためには欠かせない条件です。今のように自由に移動ができなかった時代には、集団からはじかれることは生死に関わる大問題でした。

うわぼっち飯～
ダサッ
涙で
塩加減が
ちょうどいいわ～
友達になってやるヨ。

だから、掟をやぶった村人を他の村人がそろってのけものにする「村八分」という処分があったのです。

村八分の亡霊は、学校や会社、地域社会の世界で今も生き残っています。

自分たちと意見が合わない人、良くも悪くも目立つ人を排除しようとする。

このとき、嫌がらせをするだけでなく、「無視する」「協力をしない」「あざ笑う」といったアクションがとられることもあるでしょう。

直接的な加害行為をしているつもりはなくても、「態度」によって人を追い詰める行為もまた、立派な暴力なのです。

●恐怖を利用した暴力

人々の恐怖心をあおる行為も暴力に含まれます。

たとえば、相手を脅してお金を巻き上げる行為は、殴ったり蹴ったりといった暴力こそ使っていませんが、背後にある暴力への「恐怖」を利用しています。

暴力団が一般人から※みかじめ料を巻き上げることができるのは、支払わなければ暴力をふるわれるかも……という恐れを一般人が持っているからです。

※暴力団の縄張りの中で商売をしたいときに、営業を認めてもらうために支払うお金。

旧ユーゴスラビアで起きた※ボスニア内戦では、「敵につかまった女性は性的暴行を受ける」という噂が流れたため、何十万人もの人々が故郷を離れました。

これは、直接的な危害を加えなくても噂を流すだけで難民が生まれてしまう例です。

ちなみに難民とは、自分の国に留まっていると危険があるため、国外に脱出した人たちのことです。

今でも、世界の至るところで難民が生まれています。ミャンマーから隣国に逃れたロヒンギャ難民（→161ページ）、戦火を逃れてトルコなどの周辺国に向かったシリア難民など……。2022年に起きたロシアによる軍事侵攻で、ウクライナからも大量の難民が東欧諸国に流出しました。

なかには、直接的な暴行を受けた人たちもいたでしょう。

しかし、大多数の人々は危害を加えられるかもしれないという「恐怖」から、暴力を受ける前に国境を越えたのです。

※1992年、バルカン半島の社会主義国ユーゴスラビアから、ボスニア・ヘルツェゴヴィナが独立を宣言したことから起きた紛争。ムスリム（イスラム教徒）、セルビア人、クロアチア人の率いる3勢力が激しい武力衝突を繰り広げた。

「異文化」に対する批判は暴力なの？

●和服の女性は暴力の被害者？

成人式や入学式、卒業式などで、和服を着た女性をよく見かけます。

夏になると、花火大会や夏祭りに浴衣を着ていく女性も多いでしょう。

では、外国の人から「女性に和服を着せるなんてかわいそうだ」と言われたら、どう思いますか？


「帯を締めるのは女性をしばりつける象徴だ」

「※大和撫子（やまとなでしこ）のイメージを女性に無理やり押し付けている」

こんなふうに言われたら、男性も女性も何となく反論したくなりませんか？


和服を着ることで、動作が制限される事実は確かにあるでしょう。

※日本人女性の美しさを表す言葉。

あれは
ジョセイサベツダワ!
しばられて
カワイソウニ…

和服の場合は脚を広げて座ることが難しく、あぐらもかきにくい。袂が汚れないように所作にも気をつけなければいけません。

でも、「好きで着ているのだから」「美しく見えるから」「強制されているわけじゃないから」といった反論もあるでしょう。

この「好き」「美しく見える」「強制ではない」といった感覚は、私たちが育った文化から大きな影響を受けています。その文化にどっぷり浸かっている人が当然だと思っていることも、他の文化圏の人からは違って見えるのです。

●ブルカを脱がせるのはお節介か

女性のイスラム教徒は、宗教上のきまりによって、外出するときに肌や髪を布で隠さなければいけません。この隠し方は国や地域によって※さまざまです。

アフガニスタンの女性が着るブルカもそのひとつ。ブルカは全身を布でスッポリと覆うもので、外が見えるように目のまわりだけが粗い編み目になっています。

2001年、アフガニスタンはアメリカの軍事侵攻を受けました。

※イスラム教徒の女性が髪や肌を覆うスタイルは、ブルカ以外にも、スカーフで髪と首を覆うヒジャブや、目以外の顔と髪を隠すニカブなど、さまざまなスタイルがある。

アフガニスタンの首都カブール市内でブルカを着用する女性。タリバン政権崩壊後も変わらず着用し続けた人たちもいた。（写真提供／朝日新聞）

この年、アメリカで同時多発テロを起こした国際テロ組織の首謀者※ウサマ・ビン・ラディンを当時のアフガニスタンの政権（タリバン）がかくまっていたからです。

アメリカ軍の攻撃でタリバン政権は崩壊します。

その結果、タリバンに強制されていたルールは守る必要がなくなりました。

ブルカの着用もそのひとつです。


ところが、女性たちの多くは、タリバンの支配がなくなってからもブルカをかぶったままでした。習慣のためなのか、社会の目が気になるのか、信仰心が篤（あつ）いためなのかはわかりません。

しかし、いずれにせよ、アフガニスタンの女性の中には、自由になってもブルカの着用を継続する人たちがいたのです。

彼女たちが着用していたブルカは、女性差別の象徴だと言えるのでしょうか？

その文化圏に属さない部外者が「あなたは洗脳されているのです。目を覚ましなさい」とブルカを脱ぐことを勧めたとしたら、それはよけいなお節介でしょうか？

それとも、文化による洗脳や束縛から解放してあげることになるのでしょうか？

※サウジアラビア出身の過激派テロリスト。国際テロ組織アルカイダを率いていた人物で、アメリカの同時多発テロの首謀者とされる。2011 年に潜伏していたパキスタンでアメリカ軍の特殊部隊によって殺害された。

かつて中国や台湾には、女性の足をきつくしばり、わざと成長させないことで足を小さくする纏足（てんそく）という風習がありました。

ミャンマーやタイの民族の中には、首長族と呼ばれる人たちがいます。女性の首に輪をかけて首を長くする風習があり、この風習は今も続いています。

これら土着の慣習や風習に対して、反対を唱えることは正しい行為でしょうか。それとも、独自の文化を否定する行為なのでしょうか。

その国の文化的価値観から広く行われている習慣が、別の文化圏の人から批判的に見られることはよくあります。

しかし、習慣を続けている人たちにとっては批判を受け入れられない（理解できない）こともあります。このように、文化の影響によって特定の〝悪い〟行いが見えにくくなっている現象を※文化的暴力と呼びます。

●捕鯨は文化的暴力なのか

日本の捕鯨に対して海外から批判が集まっています。

日本政府は、捕鯨は日本の伝統的な文化であり、調査・研究にもとづいて漁をして

※女性に関する例を続けて挙げたが、文化的暴力の犠牲者は女性だけとは限らない。ただ、男性中心・男性優位な文化が多いため、弱者である女性が犠牲者になるケースが多い。

いるのでクジラを絶滅させるおそれはない、という立場をとっています。

一般的にも、文化としての捕鯨の保護が重要だと考える人は多いでしょう。ところが捕鯨を食い止めるためなら手段は問わないと、捕鯨船に船ごと激突させて抗議するシーシェパード※のような団体があります。

これは、捕鯨に反対する側から見れば、「文化的暴力」を過激な方法でやめさせようとしている、という構図になるのでしょう。

この問題を私たち日本人は、どう捉えればよいのでしょうか。

捕鯨に対する批判は、他者の文化を野蛮だと否定する行為だと怒るべきなのか。それとも、「捕鯨は伝統的な日本の文化だ」という考え方を信じるあまり、私たち自身の目が曇っている（文化的暴力の影響を受けている）のでしょうか。

●「中」にいる人は気づかない

ある文化の中で生活している人は、「中」にいることで「悪い習慣」に気づきにくくなっている――。

この考え方が正しければ、文化的暴力をなくすことは難しいでしょう。

※海洋生物の保護を目的として活動する過激な環境保護団体。捕鯨船やその乗組員に対して暴力的な行動をとるため、環境テロ団体とも呼ばれている。

なぜなら、内部にいる人は、そもそも暴力の「存在」に気づかないからです。ならば、外部の人が指摘して、やめさせればいいのでしょうか。

他者の習慣を部外者の価値観で「暴力」だと問題視してやめさせようとするのは、それこそが暴力ではないか。そう批判する人たちもいます。

なぜなら、そのような行為は自分たちの価値観の方が正しい（進んでいる）、相手は間違っている（遅れている）と、文化に優劣をつけていると言えるからです。

文化の間に違いはあっても、その違いは優劣や進歩の度合いを意味するものではない。こうした考え方が、現在では優勢となっています。

社会に必要な暴力なんてあるんですか？

●平和のためには暴力が必要？

ここまで「暴力」について説明してきました。

「この世界から暴力がなくなればいい」

これは私たちみんなの共通する願いでしょう。では、本当にすべての暴力がなくなればいいのでしょうか。実はそうとは言い切れません。

暴力がなくなれば、平和な状態を維持できなくなってしまう。

一見、矛盾しているようですが、真実なのです。

では、私たちの社会に必要な暴力、あるいは正しい暴力があるとすれば、それはどんなものなのでしょうか。

●正当防衛が認められる基準とは？

日本は法治国家であり、私たちは法律というルールに従って生活しています。だとすれば、社会において必要な暴力とは、法律で定められているものだと考えることができるでしょう。

では、一般的に、どんな暴力が合法なのでしょうか。

ここでは、自衛（自力）と権力（他力）という2つの考え方について説明します。

まずは自衛からです。

自衛の原則とは、文字通り自分で自分の身を守ることです。

しかし、私たちの社会では、自衛のために暴力をふるうことは許されていません。許されるのは、それが「正当防衛」と認められるときだけです。

自分の身を守るために、やむを得ず暴力を使わなければならない。

これが正当防衛です。

たとえば、ナイフを振りかざして襲ってきた相手に対して、身を守るために護身用のスタンガンで反撃することは、正当防衛として認められるでしょう。

では、こんな場合はどうでしょうか？

隣人が飼っている犬の鳴き声に悩まされていた人がいました。

うるさいと注意したところ、逆ギレした飼い主から嫌がらせを受けたため、飼い主の家に放火し、飼い主と犬を焼き殺してしまいました。

この行為は正当防衛ではありません。

明らかに「やりすぎ」であり、過剰防衛とみなされる可能性が高いでしょう。

ある暴力行為が正当防衛として認められるためには、次の４つの条件を満たしていることが必要です。

①今まさに※正当な権利が侵されようとしている（急迫不正の侵害）
②自分が身を守る行為は、その権利を守るためだけに行われる（防衛の意思）
③相手に対抗しなければ、その権利が侵されてしまう（防衛の必要性）
④反撃が相手の侵害行為に見合った防衛行為である（防衛行為の相当性）

ちなみに、この正当防衛の考え方を国家間の関係に当てはめたものが「自衛権」で

※この場合の「正当な権利」とは自分やまわりの人の命や財産なども含まれる。

す。これについては次章で詳しく説明しましょう。

●私たちが銃を持たなくていい理由

では、「権力」についてはどうでしょうか?

こちらは、「国家」という存在を思い浮かべてもらえばわかりやすいでしょう。

1651年、イギリスの哲学者トマス・ホッブズは『リヴァイアサン』という著書を発表しました。この本の中でホッブズは、国家のない社会は「万人の万人に対する闘争」だと指摘しています。

万人の万人に対する闘争。

つまり「まわりの人すべてが敵」という弱肉強食の状態です。

殺されないために殺す。殺さなければ殺される。

生き残るためには常に臨戦態勢。

恐ろしい世界ですね。このような危険な状態から解放されるために、人類は「国家」を発明したのだ。ホッブズはそう主張しました。

本のタイトルになっている「リヴァイアサン」とは、旧約聖書に登場する海の怪物です。ホッブズは、この怪物を「国家」に見立てました。

人類は安心して暮らせる世の中をつくるために、自分よりもはるかに強大な存在に私たちの権利を譲り渡し、大きな国家権力をつくり上げることで秩序を生み出してきたのだと説いたのです。

つまり、私たちは自分たちの権利を国に預け、国家、法律、軍隊、警察、裁判所など公共の秩序を維持するしくみをつくることで、「すべての人が敵」という社会を終わらせたのです。この国家権力のおかげで、私たちは銃を手にして自分や家族を守らなくてよくなりました。

●私たちは「暴力」に守られている

「国家権力が暴力とどう関係するの？」と、疑問を持った方もいるでしょう。

たとえば殺人の罪を犯すと、裁判で死刑になることもあり得ます。

この場合、警察や裁判所や刑務所といった国家機関は、合法的に国民の自由を奪い、究極的には命を奪うことも許されています。つまり、国家による権力の行使とは、あ

リヴァイアサン
権利
権利
権利
権利
権利
権利
権利
権利
権利
権利
権利
よろしくお願いします…
預けるかぁ
権利
権利
権利を国に預けることで
争う必要がなくなった

らかじめ定められたルールの範囲で合法的に行使される暴力だと言えるのです。

たとえ正しい手続きに沿ったものだとしても、「暴力」という言葉に抵抗があるという人もいるかもしれません。

では、こんなふうに考えてみてください。

あなたがストーカーの被害に遭っているとします。

その場合、まずは警察に行くでしょう。

ストーカー行為を続ける不審者に注意して圧力をかけてもらいたい。つまり、警察という国家権力が行使する「暴力」を頼りに自分の身を守ろうとしているのです。

もし、警察に容疑者をつかまえる権限がなく、容疑者はつかまっても処罰を受けることなく釈放されてしまうとしたら、安心できるでしょうか？

「このままストーカー行為を続けていたら、通報されて警察につかまってしまう」と相手に思わせることができなければ、警察による注意は機能しません。

私たちの住む日本は国民が主権を持っている法治国家ですから、国家が暴力を行使

ストーカーなんです
助けて!!
ハナコちゃ〜ん
あそぼうヨ〜
自分で何とか
してよー
FUNSOU
×
FAMILY
交通安全
110番
この街を
守ります!

することは国民から認められています。逆説的に聞こえるかもしれませんが、国家が暴力を行使できるからこそ、私たちは安心して暮らしていけるのです。

さらに重要なのは、国家が力を「独占」することです。

これが実現されなければ秩序は生まれません。

国家が他より強い権力を握っていなければ、マフィアの暴力や財界の財力、または宗教組織の影響力によって秩序が失われてしまうでしょう。

国家が強大な暴力装置を独占し、国内に存在する他の組織を圧倒することで、人々に法を守らせることができるのです。

●国家権力を暴走させないために

ただし、国家に権力を集中させることは、勝手気ままに権力が使われる（乱用）リスクが高まることも忘れてはいけません。

国家権力は腐敗するリスクと背中合わせです。

本来、国家権力とは間違った暴力から国民を守るはずのものですが、権力者がその力を自らの地位や力を強化するため、あるいはライバルを攻撃するために都合よく使ってしまうおそれがあります。

だから、司法、立法、行政の権力を独立させる「三権分立」で国家権力を分散させるとともに、憲法を定めることで国家権力を制限することが試みられてきたのです。

さらに、憲法をはじめ、他のさまざまな法律を制定する権利（立法権）を国会に与え、国会議員を私たち国民が選挙で選ぶことで、国家権力が暴走しないしくみをつくってきたのです。

私たちの平穏な生活は、法律によって認められた国家の「暴力」が背後に控えているから可能になっている――。このことがおわかりいただけましたか？

これは、暴力が必ずしも「悪」ではないことを意味しています。

社会が機能するうえでは強い「力」が必要であり、その力をどのように行使するかが重要なのです。

国が機能しないとどうなっちゃうの？

●護衛なしで外出できない日常

国家には暴力を行使する力がある。

だから、私たちは安心して生活できる。

前項では、そんな説明をしました。

これは平和な日常を生きている私たち日本人には、あまりピンとこない感覚かもしれません。そこで「国が機能していない状態」を紹介しながら、国家が使用する暴力の役割や働きを改めて確認していきましょう。


先ほどもふれましたが、2001年9月11日、アメリカで同時多発テロが起きました。アメリカはアフガニスタンに軍事侵攻し、当時この国を支配していたタリバン政権を崩壊させます。タリバンがテロの首謀者ウサマ・ビン・ラディンをかくまっていたからです。

その後、日本、ドイツ、イギリスなどの手を借りながら、アメリカはアフガニスタンの新しい国づくりに着手しました。

ところがこの目論見（もくろみ）はうまくいかず、2021年、アメリカはアフガニスタンに駐留させていた軍の完全撤退を決めたのです。アメリカが撤退すると、アフガニスタンではタリバンがそれまでの政権を追い出し、再び権力を取り戻しました。

私は国家建設開始から5年が過ぎた2006年11月に、アフガニスタンを訪れたことがあります。

日本大使館は、タリバンの標的にならないようにバリケードと分厚いコンクリートの壁で囲われ、要塞（ようさい）のようになっていました。

移動には防弾車を使い、ヘルメットや防弾チョッキなしでは外出できません。

大使館内はイギリス軍の特殊部隊出身者が自動小銃を手に警備していました。

大使館の周囲には、武装したアフガン人が警戒にあたっていました。

もちろん、アフガニスタンには軍隊や警察が存在していましたが、彼らの能力には限界があります。そのため、自分の身は自分で守らなければならなかったのです。

1998年に訪れたカンボジアも、状況は同じようなものでした。

第1章でもふれたように、カンボジアでは過去に激しい内戦が繰り広げられました。争っていた4つの勢力が和平合意を結び、選挙によって民主的な連立政権がつくられたのですが、その政権内部でも権力闘争が起き、政権第2党が政権第1党の党首を武力で排除してしまいました。私が訪れたのは、そんな時期です。

当時、現地に進出していた日本の建設会社を訪問したときのことです。

従業員たちは自動小銃で武装した護衛を常に同行して移動していました。

私は防弾車に乗り、緊急対処の運転法を身につけた運転手をつけてもらいました。

たとえ強盗に襲われても警察は動いてくれません。警察は市民を守ることなど考えてもいなかったからです。つまり、国家が人々の安全を保障できない状態です。そんな危険な場所に身を置くと、国民を守ってくれる国家の大切さが身に染みました。

●警察があてにならない社会

「警察」は国家権力と市民との接点です。だから、警察を見れば、その国が市民に安全を提供できているか否かがよくわかります。

かつて私が指導した南米コロンビアからの留学生がこんな話をしてくれました。彼の実家は農場を経営していましたが、ただ農作物を育てているだけでもマフィアからみかじめ料を請求されていました。

「だったら、警察に訴えればいいのでは？」と思うでしょう。しかし、警察に通報しても、彼らは犯罪組織とつながっているため、取り締まってはくれません。

銃社会のフィリピンでは、銀行だけでなく、スタバなどの商業施設にも自動小銃で武装した警備員が配置されています。警察が信用できないので、強盗に襲われないように、やはり自衛しなければならないのです。

フィリピンのミンダナオ島にある警察署を訪問したときのこと。

「事件発生の通報があってから、何分で現場に到着できますか？」と警察署長に質問すると、意外な答えが返ってきました。

答えは「かけつけない」でした。

そもそも、市民が事件を通報する110番のような電話番号が存在しないのです。

もし、あったとしても、市民は警察を信頼していないので通報しません。

仮に市民から通報があったとしても、警察にはパトカーがありません。そのため、警察官は市バスを乗り継いで現場に行くことになるのですが、警察にはバスの運賃を支払う予算がないのです。


もちろん、警察が容疑者をつかまえることもあります。

ただ、つかまえて拘束しても、警察が容疑者から賄賂を受け取るとすぐに釈放してしまいます。

何とか裁判に持ち込んでも、今度は裁判官が賄賂を受け取ってしまうため、正しい裁判ができません。これでは警察や裁判所、国に対する市民の信頼は生まれないでしょう。


みなさんも想像してみてください。

警察や裁判官が信頼できない場所で生活しなくてはならない自分の姿を。

やはり、強大な権力を持つ国家=リヴァイアサンがあった方がよいと思うでしょう。

もちろんそれは、一部の特権階級のためではなく、一般国民に対して公平に使われる権力です。

そのとき「リヴァイアサン」が行使する暴力は、あなたにとって「正しい暴力」と呼べるのではないでしょうか?

国民が決める法律で、国家権力の働きを定められる法治国家であれば、私たち国民にとって国家は頼りになる存在だと感じられるはずです。

国が「国民の望まない暴力」を使ったら？

●なぜアメリカ人は銃を持ち続けるのか

ここまでの説明で不思議に思った人がいるかもしれません。

確かに、国家が合法的に強い「暴力」を行使することで、弱肉強食の世界はなくなります。その結果、私たちは一人ひとりが武装することなく、日々の生活を送ることができています。でも、例外的な国がひとつ思い浮かびませんか？

そう、アメリカです。

アメリカはまぎれもなく法治国家です。なのに、どうして国民は銃を所持することを許されているのでしょうか？　銃を使った凶悪犯罪が頻繁に起きているにもかかわらず、どうしてアメリカ人は銃を手放さないのか、不思議に思いませんか？

アメリカで国民が銃を持つ権利を保障されているのは、建国当時の次のような考え方が残っているからです。

「国民は自らの自由を守るために武装が許される。もしも国家が国民の意に反して権力を行使した場合に、国家の権力乱用から個人の自由を守るために銃が必要だ」

これはジョン・ロックというイギリスの哲学者が唱えた「革命権」の考え方です。国家が権力を行使する方法を法律で定めたとしても、国家がその法律を破った場合、その行為を止める（抑える）力が国民の側になければ、国家は権力を都合のいいように使いかねない、という論理です。

もちろん、現代では、アメリカの市民が銃を手に立ち上がり、革命を起こしても、国に勝つことは不可能でしょう。アメリカの連邦政府の背後には、世界最強のアメリカ軍が控えているのですから。

したがって、今のアメリカでは銃はあくまでも象徴的な意味しか持っていません。

しかし、その「建前」を下ろすわけにはいかないのです。

銃による被害がどれだけ続いても、アメリカ人が銃を手放さないのはそのためです。

ちなみに日本には、国家が権力を正しく使わなかった場合にそれを正す「革命権」が国民の側に存在しません。国を相手に裁判を起こすといった対抗措置はありますが、国を超越する実力を国内のどの組織も持っていないのです。


実は、これは争いを止める（防ぐ）ための重要なポイントです。

なぜなら、世界各地で起きている内戦の多くは、国家権力に武力で対抗することから起きているからです。権力が正しく使われていないと怒る人たちが、「革命権」を掲げて戦っていると見ることもできるでしょう。

そう考えると、平和とは「国の権力が正しく使われていると国民が納得している状態」だと言えるかもしれません。争いを避ける有効な方法は、国に権力を正しく使わせることであり、そのしくみを考えることが平和の実現につながるのです。

●権力の暴走を防ぐ3つのポイント

では、国家に都合よく権力を使わせないためにはどうすればいいのでしょうか？

まずは、権力のバランスをとることです。

国家権力の暴走を防ぐには、権力を分散させて、権力同士でお互いを監視させたり、勝手なことをしないようににらみを利かせたりすることが重要です。

司法、立法、行政の三権分権というしくみは、この考え方にもとづいています。

さらに、「選挙」によって政権交代ができるしくみも大事でしょう。

選挙の結果次第で権力者から権力を奪えるシステムがあれば、権力者が自分にとって都合のいい政治はできなくなります。

また、野党やマスコミ、市民団体が国家の誤りを批判し続けることも大切です。

だからこそ、言論の自由や報道の自由が重要になってくるのです。

国が国民から報道の自由を奪えば、政権批判ができなくなり、国民は権力者の思い通りにあやつられてしまいます。

「革命権」の有無にかかわらず、権力の暴走を防ぐには、この3点が最も有効で現実的な対抗策なのです。

逃げるリーダーはかっこ悪い？

２００1年、アメリカは同時多発テロの首謀者ウサマ・ビン・ラディンを追ってアフガニスタンを攻撃し、タリバン政権を崩壊させました。

そして、アフガニスタンにアメリカが思い通りに動かせる政権（これを傀儡政権と言います）をつくり、約20年にわたって国づくりを支援してきました。

ところがその試みはうまくいかず、アメリカは２０２1年にアフガニスタンからの撤退を決めます。

タリバンは政権を奪い返そうと、首都カブールに向けて進撃を始めました。

これを知った当時の大統領アシュラフ・ガーニは、タリバンがカブールに近づいてくると、抵抗することなくあっさり国外に逃亡したのです。

この行為を「卑怯だ」「裏切りじゃないか」「アフガニスタンの人たちを見捨てた」と批判した人がたくさんいました。

確かにそういう見方もできるかもしれません。

しかし、ガーニ大統領が徹底抗戦を指示することなく、サッサと逃げたおかげ(?)で内戦が避けられたのも事実なのです。

「逃げる」「争わない」「抵抗しない」といった選択肢は、弱腰に見えるようで、実は争いを回避する最も有効な手段だと言えます。

日本では、大政奉還後の1868年、旧幕府軍と新政府軍が京都郊外で激突しました。鳥羽・伏見の戦いです。

このとき旧幕府軍は劣勢となり、大坂城から指揮していた徳川慶喜はわずかな重臣をひきつれて城を脱出、いち早く江戸に逃走しました。

この行動を「敵前逃亡だ」「自分勝手」と非難する人が、今も少なくありません。

しかし、結果的に旧幕府側が新政府軍に徹底抗戦する流れにはならず、そのために激しい戦闘が回避されたと見ることもできます。

その後も戊辰(ぼしん)戦争という「内戦」は続くのですが、慶喜がそのまま大坂に留まって戦闘を続けていたら、きっと多くの人が亡くなっていたでしょう。失われたかもしれない人命を救ったと考えれば、慶喜の大坂城脱出はあながち批判されるような行為ではないのかもしれません。

「負けるが勝ち」という慣用句があります。

勝利にこだわらず、ひたすら争いを避けたリーダーは、一見かっこ悪いですが、自分と他者の命を大切にしたと見ることもできます。

リーダーが徹底抗戦を主張することで命を落とすのは、常に一般市民です。逃げるリーダーは、少なくとも人々をあおって無責任に争いに引きずり込むようなリーダーよりも、よほど害が少ないと言えるのではないでしょうか。

第3章

争いの「正義」とは何か

そもそも デカオは
何の権利があって
ボクらの秘密基地を
奪おうとするんだ
広場はデカオの
ものじゃないよ
それに ボクらは
誰にも迷惑を…
ガサッ
オマエは デカオの
仲間のマサオだな
もう
来るなよ
戻って
デカオに伝えろ
秘密基地は
渡さないからな
次の日ーー…
チビタたちを広場から
追い
みんなーー
聞いてくれーー
デカオだ
なんだ
なんだ?

チビタは マサオに
「広場に来るな」と
脅した乱暴者だ
オレたちが
安全に遊べるように
追い出すべきだ
そんな…!!
マサオ
かわいそう
だよ
ひどい
よね
チビタって
こわいね
どっちが
正しいと
思う?
デカオが
正しい!
チビタは
ひどい!
……!!

紛争の当事者はなぜ正義を必要とするの?

●リーダーが正義を掲げる理由

第2章では「暴力」について考えました。

紛争について考えるとき、暴力と密接な関係にあるのが「正義」です。暴力と正義。なぜ、この2つが近い関係にあるのか、考えてみましょう。


戦争のように多くの人々を巻き込む争いには、必ずリーダーがいます。

リーダーは自分(自分が属する集団)が目指す目標を達成するために紛争を起こします。それは、同じ民族が住む地域の独立かもしれませんし、宗教的弾圧に対する抵抗かもしれません。

いずれにせよ、リーダーはできるだけ多くの人から支持を得たいと考えます。

そのためには納得できる理由が必要でしょう。

「自分たちは正しいことのために立ち上がるのだ」という争いの大義名分です。

悪に立ち向かうのだと主張すれば、多くの人の共感を得やすくなるでしょう。

実際、過去の紛争では、こうした理由で「正義」が掲げられてきました。

●なぜアンパンマンの暴力は歓迎されるのか

なぜ、人は「正しさ」を求めるのでしょうか？

私たちにはみな、自尊心（プライド）があります。

誰もが自分は良い人間なのだと思いたい。

「正義の味方」になりたいのです。

だから、正当な理由がないまま、争いに加担することはしません。

ましてや「暴力」をふるうためには、それなりの理由が必要でしょう。

自分が関わる争いは、「正義」のための行為でなくてはならないのです。

もちろん、正義である理由は誰もが納得できるものでなければいけません。

アンパンマンは、バイキンマンをアンパンチで殴ります。
この場面で子どもたちが拍手喝采するのはなぜでしょうか。
それはバイキンマンが悪事を働いているからでしょう。
ここに、アンパンマンがバイキンマンと争う「理由」が存在します。
つまり、アンパンチは「正義の鉄拳」なのです。

では、バイキンマンの悪事がなかったとしたら、どうでしょう？
アンパンマンが無差別に暴力をふるっていたら？
ジャムおじさんやバタコさんが反対しているのに、弱い者を殴っていたとしたら？
きっと、アンパンマンを支持する人はいないでしょう。
アンパンチという「暴力」を正当化するには、正義が必要なのです。

●「悪」もまた正義を主張する

だからこそ、テロリストも自分たちを正当化するために「正義」を主張します。
1960年代以降、過激なテロ組織として知られたIRA（アイルランド共和軍）は、

「北アイルランドをイギリスから分離し、アイルランドの統一を目指す」という正義を主張しました（↓192ページ）。

また、スリランカで武装闘争を繰り返したLTTE（タミル・イーラム解放の虎）は、スリランカの北部と東部（いずれもタミル系住民が多く居住する）における仏教徒の支配からの解放を主張しました。

アメリカの同時多発テロを起こしたアルカイダや※イスラム国は、さまざまな国でテロリストの勧誘をしていたことで知られます。

強制的な勧誘もあったでしょうが、多くの人は自発的にテロ組織に参加しました。なぜなら、テロリストが掲げる正義に共鳴したからです。

自分の行為が正義の実現につながると信じたのでしょう。

テロリストたちは、テロ行為を正当化するために「正義」を利用しているのです。

※イラクとシリアにまたがる地域で活動を続けるイスラム教の過激派組織。2014年に「国家」を宣言したが、国際社会は承認していない。IS、ISISと略されることもある。

正義は法律で定められているの？

●国際社会で許される暴力とは

紛争解決の世界では、「正義」「合法」「正当性」という似た用語が使われます。

これらは、どう違うのでしょうか？

最も理解しやすいのは合法という概念でしょう。

合法、つまり法律やルールに違反していないということです。


国際社会で合法とされている暴力は2つあります。

ひとつは、第2章でもふれた自衛のための暴力。

この「自衛」には、侵略を受けたときに単独で自国を守る自衛と、他国と同盟を組んで共同防衛する自衛（集団的自衛権の行使）があります。

もうひとつは、国連にある※安全保障理事会（安保理）という機関の決定に従って、軍事制裁が認められた場合です。

このとき、制裁に使われる暴力（軍事力）は合法だとみなされます。

では、国連安保理が認めた合法的な暴力だけが、唯一の正義なのでしょうか？

安保理の決議を待たずに実行される暴力は、非合法だと非難されるべきなのでしょうか？

これはとても難しい問いです。

たとえば、ある国で罪のない一般市民が迫害されているとしましょう。

この迫害は次第にエスカレートして、虐殺にまで発展しました。

ところが、国連安保理は制裁を実行しません。

なぜなら、安保理はアメリカ、イギリス、フランス、ロシア、中国が仕切っており、このうち1カ国でも反対すると決議が否決されてしまうからです（↓156ページ）。

では、国際社会は何もしないで黙って見ているしかないのでしょうか。

※国連の重要な機関のひとつ。5カ国の常任理事国と10カ国の非常任理事国から構成されており、世界の平和と安全に関する責任を負う。

●人道的介入としての空爆

1998年から1999年にかけて、バルカン半島にあったユーゴスラビアという国で紛争が起きました。

コソボという地域の独立を目指すアルバニア人勢力と、それを阻止しようとする当時のユーゴスラビア政府との間で戦いが起きたのです（コソボ紛争）。

この事態を重く見た※NATOは、ユーゴスラビアへの空爆を実行します。安保理で話し合いをしても、ロシアや中国が反対することが予想されたため、決議を経ることなく軍事作戦に踏みきったのです。

決議にもとづいていないのですから、合法ではありません。

では、NATOはどんな理由で空爆に踏み切ったのでしょうか？

根拠にしたのは「人道的介入」という考え方でした。

合法ではないものの、アルバニア人の保護を目的とした正当な武力行使だと主張したのです。

ところが、爆弾はアルバニア人と戦っていたユーゴ軍の頭上ではなく、首都のベオ

※北大西洋条約機構。第2次世界大戦後の冷戦時代にソ連に対抗するためにつくられた軍事同盟。当初はアメリカに従う資本主義の西ヨーロッパ諸国が中心だったが、ソ連が崩壊した後、東ヨーロッパ諸国が相次いで加盟した。

グラードに降り注ぎました。その結果、多くの一般市民が被害を受けたのです。

この空爆によってユーゴスラビア政府は対話を拒絶するようになり、戦闘が激化。そのため、多くのアルバニア人が難民となって国外に脱出しました。

苦しむアルバニア人を救うための空爆は、罪もないユーゴスラビアの一般市民を巻き添えにするという矛盾を抱えた軍事作戦だったのです。

●空爆は本当に正しかったのか？

このNATOの空爆については、当然、賛否が分かれました。

確かに緊急的な対応として、道義的には正しかったかもしれません。

他に効果的な方法が見つからない中で、アルバニア系住民への一方的な攻撃を見逃すことはできない。少なくとも武力行使の目的は、軍事力を使って被害を食い止めることだった。だから、意味はあったのだ。そんな声もありました。

しかし、先ほど述べたように、空爆で争いは激しくなり、多くの命が奪われました。だから、効果は薄く、とても正当な行為とは言えない、という反対論もありました。

NATOが行った空爆は、確かに「正義」のようにも思えます。

しかし、問題は、空爆でユーゴスラビアの一般市民にも被害が出たことです。NATOとしては、市民の頭上に爆弾の雨を降らせても、それは正しい武力行使なのだと考えたのでしょう。

しかし、これはユーゴスラビアの一般市民にも、彼らの政府が行った〝悪事〟の連帯責任を負わせても構わないという考えを明らかにしたようなものです。

当時、欧米諸国では、メディア操作によってユーゴスラビアのミロシェビッチ大統領が一方的に悪人に仕立て上げられていました。そのため、「悪人を懲らしめるための武力行使」という理屈が大義として掲げられたのです。

ところが、ユーゴスラビア政府と戦っていたアルバニア人勢力が※民族浄化という恐ろしい言葉を「バズらせる」ことによって、情報を操作していたことが報告されています。

メディアの報道が誤っていたとしたら、空爆の「正義」は崩れてしまうでしょう。

※ある民族が他の民族を虐殺や追放、強制移住などの手段によって、排除しようとすること。旧ユーゴスラビアの内戦で生まれた言葉だが、特定の民族を狙った攻撃は世界各地で起きている。

NATO軍の空爆で破壊されたベオグラード市内にある病院の産婦人科病棟。爆撃によって建物が破壊され、3人が亡くなった。（写真提供／朝日新聞）

●大国が勝手に「正義」をつくってしまうリスク

NATOの空爆は、さまざまな問題を残しました。

「武力行使をすべきだ」という国際的な意見の一致が得られなくても、「人道的介入」という理由を使えば武力行使が認められるという先例をつくってしまったのです。

ナチスによるユダヤ人の大虐殺（ホロコースト）を止められなかったことは、人類の汚点です。その過ちを二度と繰り返してはならない。そういった「正義感」に訴えかける主張は受け入れられやすく、人々を簡単に暴力にかりたてます。

たとえ、ある国の行為が正しいかどうか判断がつかない場合でも、「悪」に対しては正義の鉄拳をふるってもいいのだ、という論理です。

自分は桃太郎の側に立って鬼退治をするわけですから、何の迷いもなく正義をふりかざすことができるでしょう。

でも、自分が桃太郎で、相手が鬼だということは誰が決めるのでしょうか？

「人道的介入」という理由が、いつ、どんなときでも許されるのなら、大国が小国に簡単に軍事介入をする「口実」になってしまうのではないか。

人道的介入を実施できるのがアメリカやイギリス、ロシアなどの軍事大国に限られているという現実がある以上、こうした軍事大国が自分たちにとって都合のいい理由で「正義」を決めてしまうのではないか。

そんな不安も根強くあるのです。

その暴力は、本当に「正しい」のか——。

現在の国際社会では、この問題をめぐって新たな争いが起きかねないのです。

なぜ宗教が関わる紛争はこじれるの？

●信仰という名の正義

「宗教」が関わる争いは、どうしてもこじれやすくなります。

それは紛争の当事者たちが、自分が信じている宗教（教義）だけが正しいと信じているため、妥協の余地がないからでしょう。

そもそも信仰心は、人間の内面を形成するのに大事な役割を果たしています。

それを変えることは簡単ではありません。

仮に、異なる宗教間で争いが発生し、その和解交渉が進められたとしましょう。

このとき、自分たちが信じてきた正義が間違っていたとは、認めにくいものです。

また、和平を結ぶために自分たちの主張を譲り、妥協することが、信仰に背く行為だと考える人もいます。

こうなると、争いはエスカレートし、どちらかが負けを認めるまで終わりません。

だから、※宗教をめぐる戦いは血みどろになってしまうのです。


イスラエルに「エルサレム」という都市があります。

ここはユダヤ教、キリスト教、イスラム教、それぞれの宗教の聖地となっています。

最初に、現在イスラエルという国がある場所でユダヤ教が誕生しました。

ユダヤ教徒は弾圧を受け、世界の各地に散らばっていきます。

同じ場所でイエス・キリストが生まれ、キリスト教が誕生しました。

イエスはエルサレムで処刑されたことから、この地がキリスト教の聖地となります。

その後、ムハマンドが神の啓示を受け、イスラム教がアラビア半島で生まれます。

イスラム教は勢力を拡大させ、エルサレムを支配下に置くと、この地を聖地に定めました。

このように、エルサレムは３つの宗教に縁（ゆかり）のある土地として、それぞれの信者にとって大切な「信仰の対象」となっています。そのため、宗教的な争いの複雑さを象徴

※戦国時代の一向一揆（一向宗の信徒たちによる反乱）が猛威を振るい、織田信長や上杉謙信を悩ませたのも、宗教が大きく関わっていたから。

するる場所にもなっているのです。

●多神教は争いを起こさないか

キリスト教、ユダヤ教、イスラム教に共通するのは、いずれも絶対的な存在である〝唯一神〟を信じる宗教（一神教）だということです。

では、複数の神がいる宗教では、争いは起きないのでしょうか。

多神教では、宗教の垣根をまたいで複数の神が共存することがあります。

京都の三十三間堂では、仏教とヒンズー教で崇められている像が、それぞれ仲良く並んでいます。スリランカでは、蛇の像や龍の絵が仏教とヒンズー教に共通のシンボルとして位置づけられています。

しかし、多神教のヒンズー教や仏教が争いと無縁かといえば、そんなことはありません。

ミャンマーでは、多数派の仏教徒が少数派のイスラム教徒に対して弾圧を加えています。また、スリランカでは、分離独立を目指していたヒンズー教徒（タミル人）が、多数派の仏教徒（シンハラ人）に対するテロ行為に手を染めました。

●相手の聖なるものを攻撃する

信仰心にもとづいて信者を争いに動員した場合、リーダーたちは安易に妥協することができません。負けを認めれば、自分たちが信じてきた教えや神が偽りだったことになるからです。だから、正統性をめぐる戦いは泥沼化してしまうのです。

一度争いが起きると、教会、モスク、寺院など宗教的シンボルは攻撃の対象になりがちです。

神聖なものに対する攻撃は、信者が崇拝している聖域が侵されることを意味します。だから、紛争の当事者は、あえて相手が信じる聖なるものを汚そうとするのです。聖書を焼く、ムハンマドの風刺画を描く、神社の鳥居に傷をつける……。

２００１年、タリバンがアフガニスタンのバーミヤンにある大仏を爆破したこともありました。

こうした攻撃の背景にあるのは、単純な「嫌がらせ」だけではありません。自分たちが信じる教義に反するものを取り除くという、正義感や使命感が作用しているのです。

●宗教紛争を解決する方法は？

このように複雑でこじれやすい宗教紛争を解決することはできるのでしょうか？

紛争解決学では、信仰を争点から切り離すことで解決を目指します。

争いでは正義が掲げられますが、この正義と信仰を結びつけないことも大切です。

しかし、そんなことが可能でしょうか？


紛争を起こすリーダーの立場で考えてみましょう。

先ほども述べたように、リーダーたちは、争いに勝つためにより多くの仲間を募(つの)ろうとします。そして、そのためには理由（大義）が必要です。

なにしろ、争いに加わる人には命をかけて戦ってもらわなければならないのです。

そのためには、人々の信仰心を利用するのが手っ取り早い。信仰の拠(よ)りどころを刺激すれば、改めて説得することなく、簡単に多くの人を動員することができるでしょう。

紛争を解決するには、この目論見を見抜くことが大切なのです。

えー 残念ながら
謝罪がなかったので
貴殿の信仰の対象を
破壊いたしました
えええええ
お姉ちゃん
ヒドイよ!!
私の推しグッズが…
FUN SOU
DAN SHI

テロをなくすための暴力は許される？

●テロリストを追い詰める暴力は正しいか？

争いにおける「正義」について考えるときに、いつも話題になる疑問があります。

「テロリストの暴力と、テロをなくすための暴力は違うのか？」

この問題を本書で何度か取り上げたアメリカの同時多発テロを例に考えてみます。

2001年9月11日、ニューヨークの世界貿易センタービルに旅客機が激突するという、誰も想像しなかった攻撃を受けたアメリカは、その報復として「テロとの戦い」を始めます。

アメリカが狙いを定めたのは、国際テロ組織のアルカイダでした。

アルカイダの首謀者ウサマ・ビン・ラディンをかくまっているという理由で、アメリカはアフガニスタンに侵攻。そして、アフガニスタンを支配していたタリバン政権を崩壊させ、親米政権を打ち立てたのです。

さらに、2011年、逃亡してパキスタンに潜伏していたビン・ラディンを見つけたアメリカは、特殊部隊を派遣して彼を殺害しました。

テロの首謀者を特定するとき、あるいは、ビン・ラディンを追い詰めていく中で、多くのイスラム教徒が容疑者として不当に拘束されて、拷問にかけられました。人権や法律を無視した取り調べに対しては、世界中から批判の声が上がりました。果たして、テロとの戦いで用いられた暴力は、正義の暴力と言えるのでしょうか。

テロ行為は犯罪である。

多くの国では、法律にはっきりとそう定められています。

したがって、テロリストやテロ行為は、その国の法律にもとづいて裁かれます。

では、アルカイダのように、その活動がひとつの国だけにとどまらず、国境をまたいで展開されている場合には、どのように対処すればいいのでしょうか。

安保理の決議で、特定の集団が「テロリスト」だと認定されれば、その集団は制裁の対象となります。ですから、安保理が認めたテロ集団への武力行使は合法かつ正当だと言えます。

テロは正しくないが、テロ撲滅（ぼくめつ）のための暴力は正しい。

これが、現在の国際社会のルールです。

●切り捨てられる弱者の声

しかし、どこか納得できないという人もいるかもしれません。

テロリストの主張に耳を傾けると、彼らの言い分は次のようになります。

「私たちは今まで法律に従って自分たちの主張を訴えてきたが、何度も無視されてきた。だから、最後の手段としてテロ行為に走るしかなかったのだ」

テロリストの側からすれば、自分たちを抑圧・弾圧し、弱者の人権や自由を踏みにじってきた国家と、国家が「合法的」だと主張する暴力こそがテロ行為ではないか、ということでしょう。

独裁者は抑圧された人々が反抗しないように、徹底的に脅しをかけ続けます。そして理由もなく拘束し、強制労働をさせたり、処刑したりする。

ところが、現在の国際社会では、こうした問題が起きたとしても、外部からの批判は「内政干渉」として一蹴されてしまいます。

虐げられている状況を変えるための最後の手段が暴力だった。

これがテロリストたちの主張です。

もちろん、だからといって、テロを正当化することは絶対にできません。

無関係の人たちの命を犠牲にして、自分たちの主張を通そうとすることが許されてしまえば、社会は成り立たなくなるからです。

では、やはり、テロリストの取り締まりの強化こそが平和への近道なのでしょうか。

「報復」は本当に有効なの？

●北風と太陽に学ぶテロ対策

これまで説明してきたように、暴力には必ず「正義」が掲げられます。テロリストを撲滅する暴力も例外ではなく、「テロを許さない」という正義の旗が振られます。テロの暴力は悪であり、テロをなくす暴力は正しいというわけです。

しかし、正しい暴力が〝有効〟なのかといえば、それはまた別の話でしょう。

イソップ童話の「北風と太陽」を思い出してください。

北風と太陽が、どちらが早く旅人のマントを脱がせられるか、賭けをします。北風はマントを吹き飛ばそうと強い風を吹かせますが、旅人はマントをしっかりつかんで脱がされまいとします。一方、太陽は暖かい日差しで旅人を照らし、そのポカポカとした陽気に包まれた旅人は、思わずマントを脱いでしまいます。

人は容赦ない厳しさより、温かいやさしさに心を開くことを教える童話です。

テロ対策の理想は、この太陽のような政策です。

そもそもテロ行為を決意した集団には、達成したい政治的な目標があるはずです。

しかし、その目標は平和的な手段では実現できなかったので、テロ行為に走ってしまった。テロリストとしては、目標さえ実現できれば暴力に頼る必要はないのです。

●対話によってテロはなくなるか

そもそもテロの標的となった国家権力や国際社会が、テロリストたちの声に耳を傾けず弾圧してきたことによって、その反動からテロが生まれたという見方もできます。

だとすれば、効果的なテロ対策とは、彼らと対話を重ね、彼らの希望を実現できるような道筋をつくることでしょう。暴力で目標を実現しようとする彼らが自ら「マント」を脱ぐように、温かく包み込むことが必要なのです。

この主張に反対する人は多いと思います。

「対話でテロがなくなるなんて、理想論だ」

「テロリストと話が通じるわけがない」

無差別テロによって犠牲者が出てしまったあとでは、受け入れがたい提案かもしれません。

テロリストの犯罪行為を赦し、彼らの言い分を聞く――。そんな譲歩をすれば、どんなに支持率の高い政権も持たないでしょう。だから、テロが起きると、権力者たちはテロリストを「報復」という力で屈服させようとするのです。

私は以前、フィリピンの反政府武装組織※モロ・イスラム解放戦線のリーダーたちとフィリピン政府との交渉に立ちあった経験があります。この解放戦線のメンバーは、かつて「テロリスト」というレッテルを貼られていました。

フィリピン政府と解放戦線との間で和平交渉が重ねられた結果、イスラム系住民の自治が約束されました。かつてのテロリストと彼らを取り締まっていたフィリピン国家警察との間で、自治区内の治安をどう維持するか、また、犯罪者の取り締まりや裁判をどのように進めていくかという課題が、穏やかに話し合われました。

テロリストを正当な交渉相手として認め、真剣に課題に向き合い、必要な譲歩を重

※フィリピン南部のイスラム教徒（モロ）の自治独立を目指して戦っていた反政府武装組織。現在は政府との間で和平合意を結び、大きな戦闘行為は再発していない。

あいつ 絶対
許さへん
からな
そない
追いつめたら
アカンて
オレの話も
聞けよ!!

ねていくことで、暴力が必要ない状況をつくり出すことができるのです。

●暴力の連鎖を断ち切るために

テロに対する報復行為は、本当に私たちを安全にしてくれるのでしょうか。報復でテロの心配のない、安全な生活を取り戻すことができるのでしょうか。

この問いに「NO」と答えた人物がいます。

紛争解決学の研究者、ジョン・ポール・レデラックです。

アメリカで同時多発テロが起きてからわずか5日後、彼はアメリカの政府や国民に向けて、次のように呼びかけました。

「激情に促されて反射的に行動するのではなく、まずは深く呼吸をしよう。悲劇のあとで、どうしたら壊れてしまった関係を修復できるのか。それを考えることにしよう。感情に任せた報復は破壊的な結果しかもたらさない。むしろ、より多くの尊い命が奪われるだけだ」

テロに対して「復讐」で応じることに反対したレデラックは、3つの具体的な和解の道を提示しました。

①[※]パレスチナ人が受けている不条理をなくし、テロリストの大義を的外れにする
②テロリストたちが自分たちの行為を正当化し、団結する要因を取り除く
③各地で不満の要因となっている問題を解決する

同時多発テロを実行に移したアルカイダは、攻撃の理由として、同じイスラム教徒のパレスチナ人が、イスラエル（ユダヤ人）から迫害を受けている事実を挙げました。
①の「パレスチナ人が受けている不条理」とは、そういうことです。
また、②③の「（テロリストたちが）団結する要因を取り除く」「不満の要因となっている問題を解決する」は、テロリストたちが生活する土地で教育や福祉を充実させ、彼らが直面する課題を解決するということです。

つまり、テロの温床となっている問題を解決し、テロリストたちが立ち上がった根本的な理由（社会の矛盾や不平等などの大義名分）を取り除けば、テロはなくなる。

レデラックが提示した解決策こそ、太陽政策でした。

※地中海東岸のパレスチナ地方に住む（住んでいた）アラブ人のこと。1948 年のイスラエルの建国によって、住む場所を奪われた。現在はイスラエル国内の自治区に居住するが、イスラエルの一方的な軍事占領をめぐって、抵抗を続けてきた。

しかし、彼の主張は当時のアメリカ政府や国民に無視されました。

アメリカ国民は、怒りの感情によって理性を失い、振り上げた拳を下ろす先を探すのに躍起になっていたからです。

残念ながら、レデラックの提言は実行されませんでしたが、「和解」はテロリストたちにとってだけでなく、テロ行為の被害に遭う私たちにとっても、最良の解決方法なのです。

もちろん、主張することは簡単でも、実際にできるかどうかは別問題でしょう。

権力を握り、主流派となっている人々は、自分たちこそ正義であり、テロリストは不当な要求をしていると驕ってしまうからです。

●捨てられた250兆円

20年にもわたって続いたアフガニスタンの対テロ戦争では、4万7000人の一般市民の命が奪われました。

約7万人が死亡したアフガン治安部隊と5万人以上を失ったタリバンの損害を合わ

せれば、9・11のテロとは無関係の約17万人のアフガン人の命が、アメリカによる対テロ戦争の犠牲となったと言えます。

もちろん、アメリカも無傷ではありません。約2500人の兵士と約4000人の民間人がアフガニスタンの戦場に散っていきました。

アメリカのブラウン大学が行った「戦争の損失プロジェクト（Costs of War Project）」の試算によれば、20年間で2兆ドル（250兆円）以上が戦費として消えたことがわかっています。これだけの資金があれば、教育、保健、福祉、開発など、テロを生み出していた課題のいくつかが解決できていたでしょう。

同時多発テロの犠牲者は、約3000人と言われています。

その報復のために、アメリカは倍以上の新たな犠牲者を生み出し、その50倍もの無実の人々を巻き添えにしました。

そして、問題解決に回すことができた巨額の予算をドブに捨ててしまったのです。

この結果だけを見ても、報復が有効なテロ対策ではないことがよくわかります。

現状では、軍事的措置に頼るなと言っても難しいかもしれません。

しかし、アフガニスタンの対テロ戦争を振り返ったとき、いくつかの疑問が浮かび上がってきます。

テロリストがテロリストになる前に平和や安全を保障する対策はとれなかったのか。また、どのような対策が、いつ実行されるべきだったのか。

私たちは、こうした問題に真剣に向き合わなければならない時期にきているのです。

第4章

世界の平和はどうすれば守られるのか

…というわけで
ボクたち困ってるんです
助けて
ください
ツヨシさん
それでオレたちの
グループに
入りたいって？
まあ
いいだろう
任せとけ
やった…！
数日後
おーい
チビタ
そろそろ
秘密基地を
渡してもらおうか
イヤだっ!!

ぜ…絶対に
秘密基地は
渡さないからな
オマエまた
ボコボコに…
ん？
スッ
オマエが
デカオか
オレはチビタの
友達でツヨシだ
ボクらは
同盟を結んだんだ
攻撃すれば
ツヨシグループ全体で
反撃するからな
ぐぬぬ…

ルールを守らない国はどうなるの？

●国際社会を支配するジャングルの掟

ここからは少し視野を広げて、世界全体の平和について考えてみましょう。

国内の場合、強力な国家権力が生まれれば、その内部で秩序を保つことができるということはすでに述べました。

では、世界全体の秩序はどのように守られているのでしょうか。

実は国際社会には政府や憲法にあたるものがありません。

「国連や国連憲章は違うのですか？」という質問がよく出ますが、国連にはすべての加盟国を従わせるような力はありません。また、国連憲章は憲法ではないのです。

国連は第2次世界大戦後、世界の秩序を維持する目的でつくられました。

国連にはすでに述べたように安全保障理事会（安保理）という機関があり、安保理には国際社会のルールを定める権限が与えられています。

一方、国連憲章とは国連に加盟する国の権利や義務を定めた文書です。

安保理はルールに従わない国があれば、国連憲章第7章にもとづいて制裁を実行することができます。そして、加盟国はその制裁に協力しなければいけません。

ただし、重要なのはここからです。

国連の加盟国は制裁に協力しなければならないのですが、利害関係や政治体制が国によって違うため、すべての国の足並みがそろうわけではありません。

つまり、制裁に参加しない国が出てくるのです。

なぜなら、決定に従わなくても「罰則」がないからです。先ほど「国連にはすべての国を従わせる力がない」と述べた理由は、ここにあります。

ルールを破っても十分なペナルティを科すことができなければ、国際社会は秩序を保つことができません。

では、秩序がない状態とは、どんな世界でしょうか？

そう、強いものが勝つ世界です。

つまり、国際社会では弱肉強食の「ジャングルの掟」が成り立っているのです。

確かに、国連や国際法は弱肉強食の世界に一定のルールをもたらしました。

ただし、そのルールが守られるためには国と国との協力が欠かせません。

協力関係は常に得られるとは限らないので、加盟国は国連を全面的に信頼することができません。だからこそ、それぞれの国は国連ができたあとも自国の軍事力を強化してきたのです。

●「自分の身は自分で守る」という現実

国内の平和維持の論理を国際社会に当てはめるなら、各国が持つ権限を超えるような「スーパー国家権力」をつくる必要があるでしょう。

国際社会のルールを定め、そのルールを破った国家に制裁を加えられる存在です。

これは、国内を平和にするために国民が権力を預けた「リヴァイアサン」の国際社会版と言えます。

しかし、すでに言及したように、国際社会にはリヴァイアサンはいません。

では、他国からの侵略を防ぐにはどうすればいいのでしょうか？

最も基本的な対応は、自分で自分を守る（自衛する）ことです。

国内で個人が自衛するための「正当防衛」が認められているように（↓89ページ）、国際社会においても、それぞれの国に自衛権が認められています。

永世中立国を謳っているスイスでは「国民皆兵」という徴兵制度（成人男性のみ）があり、自分の国の安全は自分で守るという考えが受け継がれています。また、周囲を敵に囲まれているイスラエルでも、男女ともに成人になると兵役の義務があります。

北朝鮮との緊張関係が続く韓国でも、18歳以上の男性には約2年間の兵役が課せられます。過去に私の授業を受講していた韓国人留学生の中には、兵役に就くために途中で大学を休学しなくてはならない者もいました。

憲法で戦争を放棄した日本には徴兵制はありませんが、国を守る自衛隊は存在します。このように、まずは自分の身は自分で守ることが国際社会の原則なのです。

制裁でルール違反を止められるか？

●国連の力にも限界がある

ここで改めて、国連の問題点についてふれておきましょう。

国連は国家の一段上のレベルに位置して、加盟国に強制的にルールを守らせるような存在ではありません。

国連の安保理は、国連の事実上の最高意思決定機関であり、この安保理の決議を通じて加盟国の権利を制限することは可能です。

加盟国はこの決議に必ず従わなければいけません。

しかし、そこに「限界」があることはすでに述べた通りです。

経済制裁という言葉を聞いたことがあるでしょうか。国際法のルールを破った国に対し、他の国々が共同で経済的なペナルティを科すことです。

仮に、ある国に対する経済制裁を安保理が決めたとします。その場合は、「貿易の制限」「金融取引の停止」「資産の凍結」などの罰則が与えられます。

しかし、制裁を無視して貿易を続ける国があったとしても、それを取り締まるための警察を国連は持っていません。ルールを破った国を入れる刑務所もありません。

経済制裁の効果が出ないとき、国連にはワンランク上の制裁として軍事制裁（武力行使）を実行する権限が与えられています。

軍事制裁とは、軍隊を派遣して力ずくで違法行為を止めさせることです。

たとえば、1990年にイラクがクウェートに軍事侵攻したとき、国連安保理はイラクを制止するための軍事制裁を発動しました。

ただし、ここでひとつ問題があります。

国連には自前の軍隊がないのです。そこで国連は、代わりに加盟国がイラクに軍事制裁をすることを認めました。このとき、アメリカを中心として編成されたのが多国籍軍であり、多国籍軍とイラク軍との争いが、いわゆる湾岸戦争です。

●裏切り者がいると役に立たないシステム

国連の制裁を支えているのは、「集団安全保障」という論理です。

集団安全保障とは、複数の国々がお互いに協力しながら平和を維持していこうという考え方です。もし、どこかの国がルールを破った場合、その国は他の全加盟国によって制裁を受けるという前提のもとに成り立っています。

どの国も世界中から袋叩きにはされたくないはずだ。だから、自分勝手な違法行為はしないだろう。

集団安全保障は、こうした理屈と期待の上に成り立っています。

しかし、「ルールを破った国は痛い目に遭う」という約束事が守られなければ、集団安全保障の論理は成立しません。

国連が制裁を決めても、加盟国がその制裁に加わらなければ、違反者は袋叩きにはなりません。そうなれば、簡単にルールを破る国が出てきてしまうでしょう。

村八分（↓78ページ）の論理を思い出してください。

もし村八分にされた者を誰かが助ければ、村の掟は簡単に破られてしまいます。

だから、村人は一体になって違反者を懲らしめなければならない。

「集団安全保障」は、まさにこの考え方と一致します。そして、この論理にもとづいて経済制裁や軍事制裁が行われるのです。

●ルールを破ったのは誰？

ところが、集団安全保障の息の根を止める行為が起きました。

２００２年にアメリカがイラクに対して行った軍事侵攻です。

アメリカは国連の決議を待たずに、自国の都合だけでイラクに侵攻しました。国際社会が定めた手続きを無視したことによって、集団安全保障に対する信頼は地に落ちたのです。

そもそも集団安全保障の「番人」であるはずのアメリカが、自らそのルールを破ってしまったのですから、このしくみを誰も信用しなくなるのは当然でしょう。

２０１４年、ロシアはウクライナ領だったクリミア半島に侵攻しました。これもまたルールを無視した違法行為でしたが、ロシアは軍事作戦を強行しました。

ロシアが動いた背景には、かつてのアメリカがそうだったように、他国に侵攻しても国際社会から袋叩きにされることはないだろう、という判断があったのです。

集団安全保障の弱点は、ルールを守りたくない者に「な〜んだ。違反をしても責められない（制裁を受けない）ぞ！」と思われたときに、違反者を抑え込む力（抑止）が効かなくなってしまうことです。

●国連に「自由」を譲り渡せるか？

では、制裁をするかどうかは、どのように決まるのでしょうか？

制裁は安保理内での「多数決」で決まります。

しかし、ここにも問題があります。

安保理は、入れ替わることのない5カ国の常任理事国と、国連加盟国から選挙で選ばれる10カ国の非常任理事国で構成されています。

常任理事国の5カ国とは、アメリカ、ロシア、イギリス、フランス、中国のこと。

このうち1カ国でも反対票（いわゆる拒否権）を投じると、決議は否決されてしまいます。

あの～手続き的に
どうかなぁ なんて
なんか
あァ
文句あんのか
です
よネ～
ライオンのアニキが
ルール 破っちまう
となぁ…
制裁とか
できないよな

ですから、常任理事国5カ国が支援する国や5カ国自体がルールを破れば、国連は制裁を可決することができません。このように、安保理の決定は必ずしも公平なルールで運営されているわけではないのです。

国連をよく知る人であれば、「安保理がダメなら、国連総会があるじゃないか」と思うかもしれません。

国連総会とは、国連に加盟しているすべての国が参加して、国際的な問題について話し合う会議のことです。

国連総会では、国力や人口の差に関係なく、1国が1票の投票権を持ちます。総会でも決議を出せることになっており、過半数の賛成で可決されますから、大国のわがままを防ぐことができそうです。

しかし、総会決議には、安保理決議のように加盟国を強制的に従わせる力（法的拘束力）がありません。つまり、決議に従わなくても罰を受けることはないのです。

ここで、第2章で説明したことを思い出してください。

私たちの社会に一定の秩序が保たれているのはなぜでしょうか？

それは、国家に自分たちの自由を部分的に譲り渡して、強い権力をつくったからでした。

もし国際社会にも同じしくみをつくろうとするなら、それぞれの加盟国が自分たちの自由を国連に譲り渡すことが求められるでしょう。

では、それを認める国が存在するでしょうか？

金融政策や環境保護などの分野では、国際関係を重視して、自国の自由を手放す場合もあります。

欧州連合（EU）は、まさにそういった努力が積み重ねられた成果だと言えるでしょう。ヨーロッパの安定のために、各国の自由をより大きな存在に預けようという考え方のもとでつくられた共同体だからです。

しかし、国の安全に直接関わる問題を預けるには、国連はあまりに弱すぎるのです。

国連は虐殺の被害者を救えないの？

●国連をしばる「内政不干渉の原則」

国連には、もうひとつ大きな問題があります。

国家が集まって構成されている国連では、加盟国の権利（国家主権）を尊重することが原則となっており、これは国連憲章にはっきりと書かれています。

たとえ国連でも、加盟国の国家主権を無視することはできません。

この国家主権の壁に阻まれているため、国連は加盟国の国内問題に干渉することができないのです。これを「内政不干渉の原則」と言います。

●世界はロヒンギャを見捨てたのか

「内政不干渉の原則」があるため、国連はどこかの国で人権侵害が起きても、その行為をやめさせることができません。

わかりやすい例が、2017年にミャンマー西部で発生したロヒンギャ（イスラム系少数民族）の虐殺事件でしょう。

国連は、ミャンマー軍や武装勢力によるロヒンギャへの攻撃に対して非難を表明しました。さらに、隣国のバングラデシュに逃げたロヒンギャ難民に対して、人道支援の手を差し伸べてもいます。

しかし国連は、原則としてミャンマー政府とバングラデシュ政府が認めた範囲でしか活動ができませんでした。


もちろん、安保理で制裁について協議することはできます。

しかし、常任理事国の中で1カ国でも決議に反対する国があれば、制裁は実行されません（→156ページ）。

そうなると、国連がミャンマーに対して軍事制裁を発動することは現実的ではないでしょう。中国とロシアが軍事介入を認めない（制裁に反対する）からです。

国連は、加盟国の中で起きている人権侵害については、「内政不干渉の原則」を前になす術がありません。それでも行動を起こす必要があるときには、人権侵害の犠牲者に対する人道支援で応えることが一般的になっています。

もちろん、人道支援は一時しのぎであり、根本的な問題解決にはなりません。

ここに国連の「限界」が見えてきます。

●弱者を助けられない現実

どこかの国で見過ごすことのできない人権侵害があっても、大国の利害が対立している以上、そこに立ち入ることは、最悪の場合には「核戦争」のリスクを背負うことになります。

弱者を救済するために、人類滅亡のリスクをとろうとする国はないでしょう。

裏を返せば、弱者の地位に転落しないように努力しなければ、どんな国も生き残れないのです。

自分の身は自分で守る——。

残念ながら、これが今の国際社会の現実なのです。

ミャンマーからバングラデシュに逃れてきたロヒンギャの難民。配給券を手に食料や水が用意されたトラックの荷台に手を伸ばす。（写真提供／朝日新聞）

どうやって強い国から自分の国を守るの？

●悩ましい隣の国との関係

自分の身は自分で守る。

これが国際社会の中で争いに巻き込まれないための鉄則でした。

では、隣の国が軍事的・経済的にとてもかなう相手ではない場合はどうすればいいのでしょうか。

「自分の身は自分で守る」と言っても限界があります。隣国が積極的に領土を拡大している野心的な国であれば、なおさら安心はできません。

隣国と外交を通じて友好関係を築くという考え方もあります。

たとえば、カナダはアメリカに軍事力でも経済力でも勝ち目がないので、アメリカの友好国となる道を選んできました。

第2次世界大戦まで対立してきたドイツとフランスは、戦後は対立ではなく友好関係を結ぶことで平和を実現する道を選びました。

この場合は勝ち目がないというよりは、隣国同士、いがみ合っていてもお互いにとっていいことはない、と悟った結果です。

個人の場合は隣人に問題があれば引っ越すことができますが、国はそういうわけにはいきません。だからこそ、隣の強国に侵攻されないための「戦略」が必要になってくるのです。

●同盟を結んで共通の敵と戦う

「自衛」以外に他国からの侵略を避ける手段として「同盟」が挙げられます。目的が同じ国同士が、共通の敵や脅威に対してともに戦う約束を交わすのです。

同盟の例としては、第2次世界大戦時の枢軸国と連合国があります。

日本はドイツとイタリアとの間に「日独伊三国同盟（枢軸同盟）」を結びました。

しかし、憲法で戦争が禁止された戦後の日本は、アメリカと日米安保条約を結び、日米同盟を成立させました。

その経緯には紆余曲折ありましたが、軍事的な力を持たない日本が強いアメリカを同盟国として頼ることが、戦後日本の防衛政策の根本となったのです。

「寄らば大樹の陰」ということでしょう。

冷戦時代の西ヨーロッパでも、超大国ソ連の脅威に対抗するためにＮＡＴＯ（↓１２０ページ）という軍事同盟が生まれました。

一方、ソ連が率いた社会主義国家は、ＮＡＴＯに対抗するため、ワルシャワ条約機構という同盟を成立させました。

●抑止効果があれば手を出せない？

同盟のベースを支えるのは、「※集団的自衛権の行使（↓１１８ページ）」です。

「集団的自衛権を行使する」とは、仲間の同盟国が侵略されたときは、自国が攻撃されていなくても自国に対する攻撃とみなして一緒に戦うことを意味します。

同盟関係を結ぶということは、お互いに集団的自衛権を行使することを約束し合った仲なのだと考えてください。

※他の国から攻撃を受けたとき、他の国に頼らず、自国だけで国を守るのは個別的自衛権。

日米同盟が結ばれることによって、同盟国のアメリカは日本の防衛に対する義務を負います。アメリカの視点で見れば、同盟国である日本への攻撃は、アメリカに対する攻撃とみなして反撃するわけです。

この確約があれば、どの国も日本を侵略しようとは思わないでしょう。

なぜなら、日本を攻撃すればアメリカが黙っていないからです。

しっぺ返しが怖いから日本には手が出せない。

これを「抑止効果が働いている」と表現します。

そして、この抑止効果こそが同盟の真髄(しんずい)なのです。

「チビタは弱い。でも、チビタの背後にはツヨシがいる。チビタをいじめたらツヨシが黙っていないだろう」

そう考えたデカオは、チビタに手を出すことができませんでした。

これが、同盟の抑止効果が働いている状況です。

しかし、同盟の信頼度が弱まれば抑止効果は薄れます。

ツヨシと同盟関係になったアキラが中学生からカツアゲをされていたのに、ツヨシが見て見ぬ振りをしていた。そんな噂が広まったとしましょう。

デカオはそれを聞いて、「チビタをいじめても、ツヨシは反撃してこないかもしれない」と思うかもしれません。そうなれば、抑止は効かなくなったも同然です。

その結果、同盟の意味がなくなり、平和が乱されることになるのです。


先ほど同盟関係を結ぶことは、お互いに集団的自衛権を行使することを約束し合った間柄だと書きました。

しかし、チビタとアキラがツヨシに加勢することは、あまり期待されていません。

チビタとアキラはツヨシとの同盟のメリットを一方的に受けているのです。

では、なぜツヨシはそんな得にもならない約束を交わしたのでしょうか？


チビタの家には最新のゲーム機があって、ツヨシはいつも遊ばせてもらっている。

アキラは算数が得意なので、ツヨシは宿題を手伝ってもらっている。

こんな取引があるからこそ、同盟が成立するのです。

あれ〜 あっちに 用事があった ような〜
絶賛☆
カツアゲ中
助けて くれない の?
同盟なのに…

日米同盟にも同じことが言えます。

戦後しばらくは、アメリカが攻撃を受けても、日本には同盟国としてアメリカと一緒に戦う戦力がありませんでした。

自衛隊が配備されても、これまでの日本政府は憲法上の規制で集団的自衛権の行使を禁じてきました（２０１６年にその解釈に変更が加えられました）。

では、アメリカはどうして日本を守る義務を自ら買って出たのでしょうか？

それは、日本国内に米軍基地を置くことを交換条件としたからです。

つまり、第1章で取り上げた沖縄の米軍基地の問題は、日本の安全保障に直結した難題なのです。

●台湾をめぐる抑止力

現在、中国と台湾の間では緊張状態が続いています。

中国は「台湾は中国の一部である」と主張しており、一方の台湾は、中国が台湾を併合するのではないかと警戒しています。

しかし、中国が台湾に圧力をかけつつも、攻撃をしないのはなぜでしょうか？

背後のアメリカを意識しているからです。

アメリカと台湾は同盟関係にはありませんから、日米同盟と同じレベルで語ることはできません。しかし、これは同盟関係を明確に結んでいなくても抑止効果が生まれることもある、というひとつの例です。

もしアメリカが台湾を守らないことが明らかになれば、アメリカの信頼やイメージに傷がつくでしょう。それだけではなく、中国は「日本の※尖閣諸島を奪っても、アメリカは手出しをしないのではないか？」と判断するかもしれません。

重要なのは、抑止が効くか効かないかは、相手がどう解釈するかにかかっているということなのです。

※東シナ海の南西に位置する島々の総称。現在は沖縄県石垣市に属する。中国と台湾が領有権を主張しているが、日本政府は日本固有の領土であり、領土問題はそもそも存在しないという立場をとっている。

同盟を強化すれば平和になるの？

●安全を求めるほど危険が増える⁉

「抑止力が働くなら、同盟を徹底的に強化すればいいんじゃない？」

「同盟国の防衛力を高めれば、どの国も攻めてこないでしょ」

こんなふうに考える人は多いでしょう。

確かに、仲間が多ければそれだけ安心感が高まります。

また、最新の武器をそろえ、多くの兵士を抱えれば、不安も減るでしょう。

同盟関係にある国同士が「軍事演習」などで結束力を強めていくことも、同盟の信頼性を高める効果があります。

それぞれの同盟国が防衛力を強くすれば、それだけ抑止力が高まり、平和を維持できる。そう考えるのは自然な流れです。

ところが物事はそう単純ではありません。
防衛に対する努力が「逆効果」になることもあるのです。

北朝鮮は国としての生き残りを賭けて、核ミサイルを配備しました。
北朝鮮の核攻撃の標的になりかねない日本は、ミサイルを撃ち落とす方法（ミサイル防衛システム）を考えました。

ところが北朝鮮のミサイルの能力や精度が高くなり、ミサイル発射後に撃ち落とすことが難しくなります。そこで、日本はミサイルが発射される前に北朝鮮の基地を攻撃できる「反撃」能力を増強したのです。

それを知った北朝鮮は、日本の措置に対抗するため、さらに軍事力を強化します。すべてのミサイルが狙い撃ちされないように、発射するミサイルの数を増やすかもしれません。ミサイル基地を事前に攻撃されないような工夫も凝らすでしょう。

こうして、ミサイル攻撃をめぐる「イタチごっこ」が始まります。

自国の安全のためにやったことが相手の軍備増強のきっかけをつくり、今までよりもさらに危険な状況になってしまう。これを「安全保障のジレンマ」と呼びます。

私たちは、誰もが平和と安全を求めています。

そのために仲間を募り、国家を生み出しました。

その国家を他の国の侵略から守るためにつくられたのが、同盟です。

同盟を結ぶことによって、他国からの攻撃に対する抑止力は一段と高まります。その抑止力を強くするために、どの国も防衛力を高めようとするでしょう。

先ほど例に出した軍事演習もそのひとつ。戦争が起きたときに集団的自衛権の行使が確実になされるように、日頃から備えておくのです。

しかし、「安全保障のジレンマ」は、こうした平和のための努力が必ずしも安全を生み出すことにはつながらないという矛盾を示しています。

●平和を求める努力が大戦争を引き起こす

これまで述べてきたように、同盟は戦争を避けるためのものでした。

しかし、同盟は戦争の抑止に失敗すると、一気に戦争の拡大を招いてしまいます。

これは、ドミノ倒しのように同盟国を戦争に引き込んでいった、2つの世界大戦の例を見れば明らかでしょう。

皮肉なことに、同盟のリスクは、同盟の強みである「集団的自衛権」にあります。

これは、本来チビタとデカオの小競り合いで済んでいた争いが、ツヨシが参戦することで、2つのグループを巻き込んだ大戦争に発展するリスクを示しています。

平和を維持するための努力が、逆に争いを引き起こしてしまう――。

同盟にはこんなパラドックス（矛盾）が潜んでいます。

だから、私たちはこのジレンマを乗り越える道を用意しなくてはなりません。

強い2大グループの対立で平和が生まれる？

●米ソが対立した冷戦時代

国際社会の平和を維持する理論として、「勢力均衡」という考え方があります。弱肉強食という現実の中で、世界に一定の秩序を生み出す工夫が、まさにこの勢力均衡です。

勢力均衡の典型的な例として挙げられるのは「冷戦」です。

第2次世界大戦後、世界は※2つの勢力に分かれました。アメリカを頂点とするグループが資本主義陣営、ソ連を盟主とするグループが共産主義陣営。冷戦とは、この2つの超大国を中心に、複数の国家が同盟を組んで対抗した時代でした。

※厳密にはインドやエジプトなど、どちらの陣営にも入らない「非同盟主義」を貫いた国もあった。

冷戦時代は世界を巻き込むような大きな戦争は起きませんでした。

2つの大きな勢力が互いにバランスを保っていたことで、第3次世界大戦が回避されたという考え方もできるでしょう。

●平和が続いたのは核兵器の力か？

冷戦時代には、アメリカ側とソ連側が相手の国を壊滅させてしまうほどの核兵器を持つことで、勢力の均衡が保たれていました。

どちらか一方が核攻撃に踏み切れば、攻撃を受けた側は自分たちの核兵器で必ず相手に対して報復するでしょう。

それは互いに破滅への道を突き進むことを意味します。

どんなに対立が激化しても、進んで自滅の道を選ぶようなリーダーはいません。

そのため、この核兵器の抑止効果によって何とか世界の平和が保たれていたのです。

「平和」という観点で考えれば、2つの勢力がバランスを保っているのは良いことなのでしょうか？

●2大勢力は平和をつくらない

確かに、ひとつの勢力が突出して強くなってしまえば、強い者に釘を刺す存在がいなくなります。結果として強い者の言い分が通ってしまう。そんな事態を避けるには、ひとつの勢力だけが力を持つのは良くないのかもしれません。

それなら、2大勢力が支配する世界なら平和が訪れるかというと、そういうわけでもないのです。

冷戦時代、米ソが直接戦うことはなくても、「代理戦争」という形でさまざまな紛争が発生しました。それが朝鮮戦争であり、ベトナム戦争です。

代理戦争とはいえ、朝鮮戦争とベトナム戦争では、どちらも数百万人規模の犠牲者が生まれました。

直接的な対決が起きない分、本来なら局地的な「つばぜり合い」で終わるはずだった争いが、両陣営の思惑がからみ合ってかえって泥沼化したという見方もできます。

そう考えれば、冷戦のような二極体制が世界平和を導くとはとても言えません。

黒髪派 VS 金髪派
金髪なんて
ケバくてださいわよ
…
…
なんで
すって一
なるほど…
2大勢力の均衡で
ギリギリ平和が
保たれているのか…

世界で「ひとり勝ち」すると何が起きる？

●無敵になったアメリカ

もし、デカオが圧倒的な力でツヨシやチビタたちを屈服させて、誰もかなわない最強の地位を手に入れたとしたら、何が起きるでしょう？

きっとデカオに歯向かう者はいなくなります。

ドングリ広場でもケンカは起きなくなるでしょう。

では、これで「一件落着」なのでしょうか？


冷戦後の30年は、唯一の超大国となったアメリカがまさに「デカオ」になろうとした時期でした。アメリカが「世界の警察官」になることで、国際社会の平和と安全が保たれる。そう期待されていたのです。

かつて日本には、アメリカと同盟を結べば、アメリカが始めた戦争に巻き込まれるのではないか、といった議論もありました。

ところが、冷戦が終わっていざアメリカ一強の世界が訪れると、アメリカと同盟関係を結んでいれば日本は安心だという考え方が広がっていったのです。

しかし、冷戦後のアメリカによる一極支配が、世界に平和をもたらしたかといえば、必ずしもそうはなりませんでした。

冷戦に勝利したことで〝ソ連〟という敵を失ったアメリカは、新しい敵を探し始めました。なぜなら、アメリカという国の利益は軍事産業と深く関係しているからです。軍事産業を潤(うるお)わせるためには、新しい敵をつくらなければいけません。敵がいなくなれば、軍の予算がカットされてしまいます。それでは困る人たちがいるのです。

9・11のテロ以降は、国際テロ組織やイスラム国がアメリカの新しい敵でした。最近では、強い力を持ち始めた中国と超大国復活を夢見るロシアが敵視されています。

ところがアメリカは、アフガニスタンやイラクでの戦争を経験して弱体化していきます。アメリカは、もはや「世界の警察官」として振る舞うことができなくなりました。ひとり勝ちしたデカオも「同じ運命」をたどるかもしれません。

無敵だったデカオの力も、弱まるときが必ず来るのです。

そのとき、デカオの座を奪おうとする者が出てきたとしたら……。

世界中を巻き込む戦争が起きるかもしれないのです。

●圧倒的強者のいない世界

冷戦時代、アメリカとソ連によってつくられていた二極支配。

その二極支配がソ連の崩壊によって終わり、アメリカの一極支配が始まりました。

しかし、アメリカの国力が衰えるにつれて、その一極支配も終わりを迎えつつあります。

今、世界は中国など新しい勢力が台頭する中で、複数の強い勢力が存在する「多極化」に向かっています。

一極、二極、多極のうち、どれが国際社会に平和をもたらすのでしょうか?

二極の方が多極よりも安定しているように見えます。ひとつの「敵」だけを見ていればいいので、計算や予測が簡単だということは言えるでしょう。

一方、多極であれば、関係を調整することによって、ひとつの勢力だけが突出することを抑えられるかもしれません。

では、実際に長く平和が続くのは、どんな世界なのでしょうか？

残念ながら、その答えはわかりません。

どのような国際体制をつくれば平和が維持されるのか、私たちはまだ答えを出す道の途中にいるのです。

コラム 安全地帯

ケンカ中でも歩み寄りはできる

紛争の「最前線」というと、みなさんはどんなイメージがあるでしょうか。争っている者同士がにらみ合いを続けているような、緊張感漂うピリピリした場所という印象を持つ人は多いでしょう。

しかし実際には、そんな一触即発(いっしょくそくはつ)の現場ばかりではありません。戦争中でも、両軍がぶつかり合う場所では停戦のための話し合いが模索され、対話が試みられています。ですから、お互いに譲れない件については大きくもめていても、それ以外の点では最低限の関係が維持されていることもあるのです。

現在、日本は「北方領土問題」でロシアと対立しています。

戦後70年以上にわたって、日本政府はロシア（ソ連）政府との交渉を粘り強く続けてきましたが、いまだに解決の見通しは立っていません。

では、日本人が北方領土に近づくことが一切できないかと言えば、そういうわけでもないのです。

1963（昭和38）年、日本とソ連（当時）は、日本の民間漁船が歯舞諸島の一部である貝殻島周辺で昆布漁を行うことについて合意しました。

そのため、今も日本の漁業関係者は、ロシアの国境警備局による船の検査（臨検）を受け、入漁料を支払うことで漁が可能になっています。

日ロ関係がこじれてしまうと漁業に関する取り決めも悪影響を受けますが、それでも最低限の関係が続くことで、私たちの食卓に毎年昆布が届けられているのです。

また、2022年4月に発生した知床遊覧船沈没事故では、犠牲者の遺体が北方領土の国後島で発見されたとき、ロシア当局から日本側に遺体の引き渡しが行われました。

領土問題で争ってはいても、絶交しているわけではないので、市民生活や生死に関わる問題では歩み寄ろうとしているのです。

外交とは外国と交わることです。

どんなに犬猿の仲でも外交は続けなくてはいけません。争いを簡単に武力紛争にしないためにも、交流や交渉を粘り強く続けていくことが大切です。

外交によって紛争解決の糸口を探る場合には、対立点だけにとらわれず、争いの中でも維持されている最低限の関係を丁寧に拾っていくことが重要なのです。

第5章

どうすれば争いを止められるのか

チビタくん
秘密基地
壊されちゃったね
これで
もう
4回目か
アキラは
どうしたの？
ケンカで足を
痛めたからって
家にいるよ
実は昨日
愛ちゃんに
呼ばれたんだ
えっ？
愛ちゃんが
言うにはー…
何？
話って
ワタシ
チビタくんとデカオくんを
仲直りさせたいのよ
いつまで
こんな争いを
続けるの？
けどあの2人
話し合いに
応じるかな
大事なのは
同じテーブルに
つかせることよ
私にできるのは
交渉の場を
用意することだけ
あとは2人が
どうするかね

数日後
2人とも きてくれて ありがとう
じゃ 始めるわね
デカオにはまず 壊した基地を もとに 戻してほしい
ハァ？ 何でオレが
そうよ！ デカオくんの家は 工務店なんだし そういうの得意じゃない
まぁ 別に……
どうしても 手伝えと言うなら やれ、なくもねえけどよ
……
デカオくん 本当は 一緒に基地を つくりたかったんじゃ ないかしら
ボクらが楽しそうに つくっていたから 嫌がらせを したってわけか…
こんなの 朝飯前よ
スゲー
はじめから こうすれば よかった かもな
よく 言うよ
お・し・ま・い

複雑で難しい争いはどう解決するの？

●死を恐れない信者

ここからは、紛争の解決策について考えていきたいと思います。

まず、民族紛争や宗教紛争など、簡単には解決しない問題とどのように向き合えばいいのでしょうか？

民族紛争や宗教紛争は、一度発生すると、なかなか平和的に解決することができません。人としての本質（民族）や信仰（宗教）といった、私たちが生きるうえで大切にしているものが争点となるからです。

紛争を話し合いによって解決しようとするなら、譲歩が必要な場合もあるでしょう。しかし、第3章でも述べたように、信仰心の篤い人であればあるほど、神との誓いや約束を破るわけにはいかないと思ってしまいます。

また、信仰を貫いて死ぬことができれば、それは神が約束する世界（天国や極楽浄土など）への〝チケット〟になると信じている人たちもいます。

そう信じている人たちは、譲歩が必要な平和よりも、信仰に従って異教徒を攻撃し、「死」を選ぶ方が価値があると考えるかもしれません。

●北アイルランド紛争はなぜ解決した？

民族と宗教が入り混じった紛争例としては、北アイルランド紛争が挙げられます。

アイルランドはもともとイギリスが支配していましたが、その統治に対して不満が高まり、１９２１年に独立を果たします。

しかし、このとき北アイルランドはアイルランドとは分離され、イギリスの領土となりました。

アイルランドはカトリックの国ですが、北アイルランドはイギリスから移り住んだ人たちが多く、プロテスタント系が多数を占める地域だったのです。

アイルランド独立を前に、北アイルランドでは住民の意見が２つに分かれました。イギリスとの結びつきを重視するプロテスタント系の人たちは、アイルランドに属することに反対して、イギリスに留まることを望みます。

一方、自分はアイルランド人だという意識が強い人たち（カトリック系）は、北アイルランドもアイルランドの一部として独立することを求めました。

結局、北アイルランドがイギリス領になったことで、独立を望む人たちがイギリスに留まりたいプロテスタント系の住民やイギリス政府、市民に対してテロを行い、血みどろの武力闘争に発展しました。

ところが、１９９８年、イギリスとアイルランドの間で紛争終結の合意が得られ、泥沼化した争いにも和平が訪れたのです。

なぜ、長く続いた紛争に終止符が打たれたのでしょうか？

最大の理由は、ＥＵができたことで国境の意義が薄れたことにあります。イギリスとアイルランドがＥＵに加盟したことで（イギリスは２０２０年に離脱）、２国間の関税が撤廃され、それまでの経済的な不満が解消されました。さらに、アイルランド

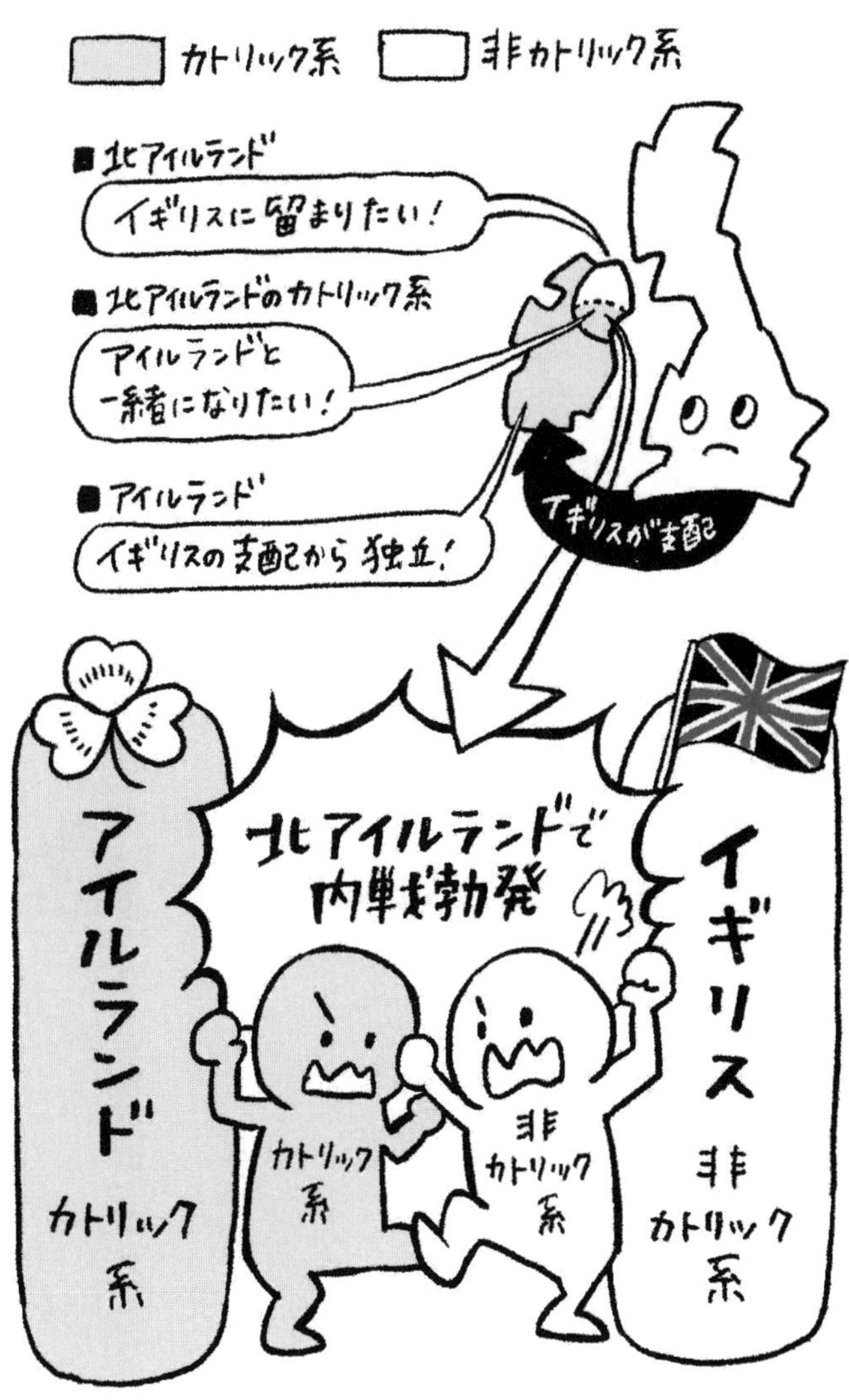
カトリック系
非カトリック系
■北アイルランド
イギリスに留まりたい！
■北アイルランドのカトリック系
アイルランドと
一緒になりたい！
■アイルランド
イギリスの支配から独立！
イギリスが支配
北アイルランドで
内戦勃発
アイルランド
カトリック系
カトリック系
非
カトリック系
イギリス
非
カトリック系

の南北を隔てる国境が自由に移動できるようになったのです。

１９９８年の和平合意は、こうした流れの中で結ばれたものでした。

これはＥＵ発足という国際社会の変化を受けて、当事者たちが現実的な落としどころを選んだ成功例だと言えるでしょう。

●津波が終わらせた内戦

民族紛争が解決したケースもあります。

インドネシアの西にあるスマトラ島、その北西端にアチェという地域があります。

かつてこの地域に住む人々は、インドネシアからの独立を求めて戦っていました。

アチェでは天然ガスや石油が採掘されていましたが、その収益はアチェの人々のためには使われず、中央政府に吸い上げられていました。これが対立の原因です。

アチェとインドネシア政府との間では、30年以上、激しい内戦が続きました。

内戦に終止符を打ったのは、２００４年のスマトラ沖地震による大津波です。

アチェは津波で壊滅的な打撃を受けました。

内戦による死者たちの何倍もの人の命が、一瞬にして奪われたのです。

この大災害で和平に向けた動きが加速し、2005年、アハティサーリ元フィンランド大統領の仲裁で内戦が終わりました。独立を掲げて戦ってきたゲリラ（アチェ自由運動）が譲歩し、「自治以上独立未満」という解決策を受け入れたのです。


和平を積極的に進めたインドネシアのカラ副大統領は、ゲリラとの戦いに使ってきた費用を開発に回す政策を打ち出して、国民の支持を得ました。また、ユドヨノ大統領は和平に反対すると見られていた軍の強硬派を説得しました。

インドネシア政府とゲリラ、そのどちらの側にも紛争を早く終わらせたいという強い思いが芽生えていたことで、仲裁が成功したのです。

●イスラム過激派はなぜ銃をおろしたのか

フィリピンのミンダナオの内戦もまた、民族と宗教が入り混じった紛争でした。

多数のカトリック教徒を抱えるフィリピンに対し、もともとイスラム教徒が多く住んでいたミンダナオ地方の一部が独立を主張して戦っていました。

「民族自決権」という言葉を聞いたことがあるでしょうか。

すべての民族は独立する権利を持っているという考え方です。

この民族意識に目覚めたイスラム系の軍事組織（モロ民族解放戦線）は、フィリピン政府を相手に独立を目指して戦いを始めます。その後、両者は和平合意に至り、ミンダナオのイスラム教徒のために自治区がつくられることになりました。


ところが、これで解決……とはなりませんでした。

和平合意を認めないグループが徹底抗戦を主張して、新たな戦いを始めたのです。

フィリピン政府は彼らを「テロリスト」と呼んで、壊滅させようとしました。

そんな中、アメリカで同時多発テロが発生します。

テロを実行したアルカイダがイスラム系のテログループだったことで、イスラム過激派に対する国際社会の目が厳しくなっていきました。


アメリカはテロ対策の名目で、フィリピン政府を支援するようになります。

一方、独立派を支援していた国際テロ組織はアフガニスタンやイラクを支援するのに忙しく、ミンダナオでの戦いに協力できなくなりました。

こうした中、和平交渉が始まります。フィリピン政府が合意できるのは、すでに認めている自治区の成立のみ、ミンダナオの独立は認められないという立場でした。

つまり、「自治以上独立未満」の範囲内で、どれだけお互いが納得できる条件で折り合えるかが、交渉のポイントとなったのです。

結論から言えば、両者は和解を選びました。

当事者にはそれぞれの思惑がありましたが、何より大きかったのは、戦闘状態には戻れない（戻りたくない）という共通認識があったことです。

●複雑な争いを解決する3つのヒント

以上の3つのケースの中に、難しい紛争を解決するヒントが隠れています。

①信仰や民族の違いなど「当事者同士が譲れない問題」を争点から外す

②宗教や民族の問題とは別次元の「具体的な争点」で折り合いをつける

③対立する勢力を緩やかに包むような「大きな枠組み」をつくる

まず、第一のポイント。

民族の違いや信仰の違いを争点としないこと。

お互いに「違い」はあるけれど、交渉の焦点はそこではない、という共通理解をつくることが、解決に向けた第一歩になります。


次が第二のポイント。

関税率、移動の自由、天然資源から得られる利益の分配率など、「具体的な争点」を議題にすることで交渉が前に進みます。

イスラム教徒であることについて譲歩はできなくても、収益全体の中の取り分など信仰とは関係のない点であれば、歩み寄ることができます。


最後が第三のポイントです。

「大きな枠組み」とは何でしょうか?

独立をめぐる問題であれば、紛争地で独立を主張する人々の自由を認めながらも、その一段上のレベルで彼らを取り込むようなしくみをつくる。そんな考え方です。

北アイルランド紛争の場合は、ＥＵがこの機能を果たしました。

アチェの場合は、インドネシアという国家には留まるが、その中で住民の自由な意思を尊重する自治区を得ることが認められました。

この場合は国が大きな枠組みを用意しつつ、その枠内での「信教の自由」が保障されたことになります。

ミンダナオの解決策もアチェの場合と同じ法則が採用されています。

当事者の譲れない部分にはふれず、より大きな枠組みの中で共存する道を探る。

これが民族紛争や宗教紛争といった難しい争いを解決するコツです。

どうしても譲れない部分は「自治」という権限で守りつつ、譲れる部分については、より大きなものの一部になることで「境界」を溶かしていくのです。

土地をめぐる争いの解決策は？

●勝者と敗者が生まれる解決策

世界には、さまざまな場所で領土をめぐる紛争が存在します。日本も例外ではありません。ロシアとは北方領土をめぐって争っています。中国は尖閣諸島の領有権を主張していますし、竹島は長期にわたって韓国に※実効支配されています。土地をめぐる紛争の解決が難しいのは、それが争いの当事者たちの「歴史」と結びついているからでしょう。先祖代々住んでいた土地を簡単に手放すことはできないものです。

さらに、領土や領海は、一方が手に入れた分はもう片方が失うことになる（こうい

※争っている相手の国や国際的な承認を得ないまま、事実上の支配を続けていること。

った関係を「ゼロサム」と呼びます）ため、折り合いをつけるのが難しいのです。ゼロサムの紛争を解決する方法を、英語では「パイを分け合う」と言います。今風に言えば、1枚のピザを誰が何枚取るのか、と表現した方がわかりやすいかもしれません。つまり、限りあるものを当事者同士で分け合う解決策です。

仮に2つの国がA島とB島という2つの島の領有を主張している場合、一方がA島を得れば、当然もう一方はA島を失います。

島の数（1島ずつ）で分けても、総面積の割合で分けても、当事者間で有限の土地を分け合うことには変わりありません。

たとえ合意に達しても、「相手に取られてしまった」という後味の悪い感覚がどちらの側にも残るでしょう。これがゼロサムの関係なのです。

●争いを解決する3つのアプローチ

領土紛争を解決するには、3つの方法があります。

①力による解決
②裁判所（法律）による解決
③当事者間の話し合いによる解決

①はあくまでも武力によって係争地（所有権をめぐって対立が起きている土地）を自国のものにしようとするパターン。

たとえば、黒海とカスピ海に挟まれたコーカサス地方にあるアルメニアとアゼルバイジャンは、ナゴルノ・カラバフという地域をめぐり、30年以上にわたって武力衝突を繰り返してきました。

争いの場を国際機関の決定に委ねるパターンが②です。

インドネシアとマレーシアは、カリマンタン島の北東沖にある2島の領有について争っていましたが、※国際裁判所で決着をつけることを決めました。

そして、裁判の結果、2島はマレーシア領と確定しました。

③の話し合いで決着させた例もあります。

1969年、中国とソ連（当時）の両軍は、国境のアムール川流域で武力衝突を起

※国と国のトラブルを「裁判」によって解決するためにつくられた国際機関。国際司法裁判所（ICJ）もそのひとつ。

こしました。川の支流の中洲にあるダマンスキー島（珍宝島）について、お互いが自国の領土だと主張し、戦闘に発展したのです。

この争いはその後も続きましたが、ソ連崩壊後の２００４年に中国とロシアで話し合いが重ねられ、結局、島は中国領となることで落ち着きました。

中国とロシアの間には他にも国境がはっきり決まっていない地域がありましたが、両国は話し合いによって残りの国境もすべて平和的に確定したのです。

●「共同所有」で争いを避ける

ゼロサム関係に陥りやすい領土問題を、分割することなく解決する方法などあるのでしょうか。

実はあります。共同統治・所有という方法です。

国境が明確に決められて、それが不動のものになったのは、人類の歴史ではごく最近のことです。

たとえば、かつての琉球王朝は、中国の影響下にありつつも、薩摩藩に統治されていました。つまり共同統治されていたのです。

大ヒットした漫画『ゴールデンカムイ』は、日露戦争後の北海道を舞台に、アイヌが隠した金塊を探し求める冒険活劇です。

物語の中で、主人公の杉元佐一たちはアイヌの少女アシㇼパを追って北海道から樺太に入ります。1905年に結ばれた※ポーツマス条約によって、樺太は北緯50度以南が日本領となっていました。漫画で描かれているのは、ちょうど樺太が南北に分割統治されるようになった時期です。

アシㇼパを追う杉元たちは、地元のアイヌの協力を得て犬ゾリで日露国境を越えますが、国境には道標があるだけ。検問所などはありません。

南北に分割されたと言っても、国境は政治家たちが勝手にひいたものであり、樺太に住んでいた人たちは自由に行き来していたのです。

この当時、樺太にはたくさんのアイヌの人たちが住んでいました。また、日本人やロシア人、アイヌ以外の少数民族もお互いに争うことなく共存していました。

樺太は日本にもロシアにも属していて、かつどちらにも統治されていないようなグレーな土地だったのです。

この共同統治という考え方は、荒唐無稽（こうとうむけい）な「夢物語」でしょうか？

※日本とロシアとの間で、日露戦争の終結のために結ばれた講和条約。日本はロシアから樺太（サハリン）の南半分や南満州鉄道などを得たが、賠償金は得られなかった。

そうではありません。

島国の日本では実感がないかもしれませんが、大陸では河川が国境となっているケースがよくあります。ヨーロッパのドナウ川、アフリカのナイル川、そして東南アジアのメコン川などは、複数の国をまたぐ国際河川です。

国際河川は交易に使われていますから、誰もが自由に利用できる「公の財産」とみなされています。だから、ドイツとルクセンブルクの間を流れる川は、今でも両国が共同統治しているのです。

●「所有」という考え方を捨てる

16世紀以降、ヨーロッパ諸国は競い合って「どこの国にも属していない土地」の領有を進めていきました。

このときもとになったのが「無主地」という考え方です。

無主地とは、文字通り「所有者（主）のいない土地」の意味です。

人が住んでいる土地もあったのですが、コロンブスが新大陸を「発見」したように、ヨーロッパ人たちは無主地を「発見」して、その土地を次々に植民地にしていきました。

今から考えると、とても身勝手な行為に思えます。

そして、さらに身勝手なのは、一番乗りが「所有者」になれるという法律をつくってしまったことです。


しかし、時計の針を戻せば、地球上の土地はどの国にも属していなかったのです。

「領土」という考え方が争いを生み、問題の解決を難しくしているならば、常識にとらわれることなく、「係争地」を共同所有してしまえばいいのです。


あるいは、所有という考え方を「捨てる」という手もあるでしょう。

たとえば、いまだに南極大陸はどの国にも属していません。

国際会議で「南極はどの国の土地でもない」と※結論づけられたからです。

ゼロサム的な思考にとらわれて争いから抜け出せないようであれば、南極方式を採用するのもひとつの解決策ではないでしょうか。

※1959年、日本、アメリカ、イギリス、フランスなど12カ国の間で、南極の平和利用を目的とした「南極条約」が結ばれた。これにより、南極は国際的にどの国の領土でもないことが確認された。

オレの国に
入ってくるなー!!
ヤマちゃん王国
はい、おじさん
もう下りてきてね
そこは
無主地じゃ
ないからね

「仲裁者」ってどんなことをするの？

●3タイプの仲裁者

ここまで紛争の当事者にスポットを当ててきましたが、次は「仲裁者」に注目してみましょう。

仲裁者とは、争いの当事者ではない第三者で、平和的な解決を実現するために間に入って「仲直り」をさせる人のことを指します。

「第三者」といっても、国際社会には武器の提供や資金の援助をして争いの当事者を応援している国（組織）があります。ときには争っている当事者それぞれに武器を売って※漁夫の利を得ているケースもあるでしょう。

ここで説明する仲裁者には、そうした存在は含まれないので注意してください。

仲裁者は大きく分けて3つに分類できます。

※二者が争っているときに、関係のない第三者が利益を得てしまうこと。

①裁判官型

中立的な立場で当事者の話し合いを助ける（紛争には一切の利害関係がない）。

②親分型

紛争当事者たちを上回る力を持ち、その力を使って解決の手助けをする。

③友人型

紛争当事者に近い立場から、平和的な解決のために当事者たちを助ける。

３つの仲裁者について、チビタとデカオの争いを例に説明しましょう。

まずは裁判官型です。

裁判官型はあくまでも中立的な立場で、利害関係はありません。子どものケンカに裁判官型の仲裁者が登場することはあまり考えられませんが、ここではデカオがネット上でチビタの悪口を書き込んだという設定で考えてみます。デカオが事実と違うことをでっちあげて、ＳＮＳで拡散したのです。

こういう場合、裁判官型の仲裁者は法律などの専門知識を使ってチビタとデカオの話し合いを助けます。

たとえば、チビタがデカオを名誉毀損（悪口を言いふらされた）で訴えたらどうなるか、チビタがデカオを器物損壊（秘密基地を壊された）で訴えたらどんな判決になるのか、専門的な知識を提供するのです。

また、その結果をふまえて２人が仲直りするのであれば、「このあたりが落としどころでは？」と提案することもあります。

親分型は、争いの当事者より強い力を持っていて、言うことを聞かせるイメージです。チビタとデカオの争いで親分型の仲裁者になれるのは担任の先生でしょう。

先生は大人ですから、チビタとデカオを力で屈服させることができます。

「ケンカはやめろ！」とどなりつけることで、争いは止まります。

また、先生はチビタとデカオの通信簿をつけますから、２人に「ケンカばかりしている」と厳しい評価（制裁）を下すこともできます。

親分型には力の他にも大事なものがあります。

何かわかりますか？

オマエたち また
ケンカしてた らしいな
先生…？
先生！
ハハハ
いやだなあ
プロレスごっこ
ですよ

それは「権威」です。権威とは、他者を圧倒的な存在感で支配し、服従させる力のこと。「存在感」とは、腕力（武力）を使うことなく当事者たちを納得させるような威圧感と言い換えてもいいでしょう。

学校の先生に権威があれば、子どもたちは黙って言うことに従います。

なお、腕力や権威ではなく、お金などの「資源」が力として働く場合もあります。

最後の友人型は、当事者に近い立場で、争いの背景にも詳しい存在です。当事者との間に利害関係がありますが、紛争から大きな影響を受けるので、当事者に「仲直り」を勧めるのです。

チビタとデカオの争いには愛ちゃんが仲裁者として登場しましたが、典型的な友人型の仲裁者と言っていいでしょう。

この友人型の仲裁者については、のちほど詳しく説明します。

●世界は仲裁をどう受け入れたか

では、裁判官型、親分型、友人型の３タイプの仲裁者は、現実の世界、とくに国際社会の中では、どのように働くのでしょうか？

前提として、仲裁者が間に入るのは争いの当事者が解決する意思を持ったときです。たとえ仲裁者が助け舟を出しても、当事者たちがそれには見向きもしないで争い続けている状況では「仲直り」をさせることはできません。

当事者たちが「力」では解決できないことを自覚して、話し合いによる解決を視野に入れた段階で、初めて仲裁者が本領を発揮するのです。


裁判官型は中立的な立場から専門的な知識をもとに助言ができる存在でした。

そう考えると、国際紛争を解決する「適任者」は、やはり国連でしょう。

国連は中立の立場ですし、高い専門性を持っています。だから、仲裁者となる根拠や資格がある場合が多いのです。これは、そもそも国連が国家間の紛争を平和的に解決するためにつくられた組織だという背景を考えれば、当然と言えるでしょう。


ただし、国際社会で裁判官型の仲裁をするには、問題があります。

国内の争いでは、判決に従わなければ制裁が科せられます。罰金を払わなければ強制的に財産を没収されますし、有罪判決が出れば身柄を拘束されて刑務所に入ることになります。法律による解決の背後には、有罪になった側にペナルティを強制的に受けさせる力の存在があるのです。

ところが、第4章でも説明したように、罰則を与えてルールに従わせる力が国際社会にはありません。

国際的な紛争を解決する機関として、国際裁判所があることはすでに述べました。しかし、問題は判決を守らなくてもペナルティがないことです。

では、親分型の仲裁者はどうでしょう？

親分型の仲裁者は武力や権威、資源を持っていますから、「ケンカをやめないと罰を与えるぞ」と脅すことができます。逆に「争いを止めたらご褒美をあげるよ」と、平和的な解決に導くこともできます。

後者の例では、日本がこれまで行ってきた平和構築政策が挙げられるでしょう。「紛争が続いているから援助ができないけれど、仲直りをしてくれたら道路や水道の整備ができます。それに学校や病院だってつくれますよ」

こうした提案をすることによって、いくつかの紛争を解決してきたのです。

これまで主に親分型の仲裁者を演じてきたのはアメリカでした。

イスラエルと※パレスチナ解放機構（PLO）の和平はアメリカのクリントン大統領が仲裁しました（キャンプデービッド合意）。

また、冷戦終結後に旧ユーゴスラビアが分裂・崩壊しましたが（↓120ページ）、この国の一部だったボスニア・ヘルツェゴヴィナで起きた内戦で、和平を仲裁したのもアメリカです（デイトン和平合意）。

冷戦後のアメリカは、唯一の超大国として圧倒的な力によって紛争の当事者たちに平和を強いることができたのです。

●解決力が高いのは友人型の仲裁者？

紛争解決学で脚光を浴びているのが友人型の仲裁者です。友人型の特徴を際立たせるために、まずはその対比として裁判官型の特徴をおさらいしてみましょう。

※イスラエルに占領されたパレスチナ地域の独立を目指してつくられた政治組織。1993年、指導者のアラファト議長（2004年に死去）は、イスラエルとの間でパレスチナの暫定的な自治を得ることに成功した。

裁判官型は当事者と利害関係がなく、中立的な立場です。

そうでなければ、紛争当事者双方が仲裁を受け入れるわけがない。

また、だからこそ客観的な判断ができるので、仲裁者としてふさわしい。

これが今までの考え方でした。


チビタとデカオの仲裁に、チビタの親友のアキラが名乗りを挙げたとします。

この場合、デカオはアキラには公平な仲裁ができないと考えました。

それはそうでしょう。

敵の味方になるかもしれない仲裁者を受け入れるようなお人好し（ひとよ）はいません。

ところが、友人型の仲裁者の方が、争いを解決する確率が高いのではないか。

そんな疑問が生まれるようになりました。

●裁判官型の3つの弱点

実は裁判官型には、利害関係がないがゆえの3つの弱点があります。

まず、紛争が悪化していくことに気づかないという点です。

国連のような専門機関でも、その紛争が当事者たちの手に負えなくなるほど悪化して初めて仲裁を試みるというケースが少なくありません。

次に、紛争の歴史的な背景や当事者たちの隠れた意向などを汲み取ることができないというデメリットがあります。つまり、個別の事情にマッチした解決策を提示することができないのです。

イスラム教徒とキリスト教徒の争いは、一見、仏教徒が仲裁するとうまくいきそうな気がします。しかし、仏教徒には、なぜイスラム教徒とキリスト教徒がもめているのか、紛争の背後にある思惑が何なのか、ピンとこないかもしれません。仏教的な世界観で紛争を見てしまう可能性もあります。

最後は、仲裁が成功しなくても構わない（失敗しても痛くもかゆくもない）というスタンスに立ってしまいがちな点です。

専門家として、どこか遠いところからやってきた仲裁者は、当事者たちとこれから長くつきあっていくわけではありません。だから、話し合いで合意された約束が守られなくても責任を感じることがないのです。

また、約束を守らせようという強い動機も生まれないでしょう。

●友人型のメリットと弱点

では、仲裁者が紛争当事者と密接な関係にあるとしたら、どうでしょうか？

友人や隣人として当事者との交流を持っていれば、紛争が悪化する前に問題の深刻さに気づくでしょう。こじれる前に友人として助言できるかもしれません。

もめごとの結果次第では自分にまで火の粉が降ってくるとわかれば、何とか未然に防ごうという動機が生まれるはずです。

また、当事者と関係が近ければ、争いの背景や当事者がもめている理由を理解している可能性も高いでしょう。

当事者も相手が「友人」なら、赤の他人には明かさないような本心を打ち明けるかもしれません。そうなれば、仲裁者は当事者に寄り添ったサポートができます。

友人型にも弱点はあります。

先ほど述べたように、当事者との距離が近すぎれば、もう一方の当事者は簡単にその仲裁者を受け入れないでしょう。
では、どうやってこの欠点を補えばいいでしょうか？

●グループで問題に向き合う仲裁パネル

ひとつの解決策として、「仲裁パネル」という方式があります。パネルとは複数人の集まりだと考えてください。

チビタの親友のアキラを仲裁パネルに入れる代わりに、デカオの親友のマサオもパネルのメンバーとします。

アキラとマサオは学校のサッカーチームの仲間で仲良しです。２人ともチビタとデカオがもめていることを心配していました。

アキラとマサオが協力して仲裁者となることで、チビタとデカオは仲裁を受け入れるかもしれません。このように、複数の仲裁者が協力することで、当事者が納得して話し合いのテーブルにつくよう導いていくのです。

争っている人たちの心をどう変えるの？

●「争っていても意味ないよね」と気づかせる

では、当事者の間に入る仲裁者は、何に気をつければいいのでしょうか？

大事なのは、紛争当事者たちの考え方を変えてあげることです。

第1章で紹介したカンボジアの例を思い出してください。

大国が介入して内戦が激しくなっていたカンボジアでは、国を取り巻く環境が変わったことで、紛争の当事者たちも判断を変えざるを得ませんでした。

仲裁者の大切な役割は、当事者たちに状況の変化をいち早く気づかせて、「このまま争っていても事態が悪化するだけだ」と悟らせることです。

そうすれば、当事者のリーダーたちも争いを鎮(しず)める方に舵(かじ)を切るでしょう。

「目標をあきらめるのは譲歩ではない」

「苦しい状況を抜け出すことの方が先だ」

そんなふうに考えてもらうのです。

●敵ではなく「協力者」だと思わせる

第1章の冒頭で「紛争を成立させる3つのポイント」についてふれました。

実は、この2番目のポイントに解決の〝カギ〟が隠されています。

紛争当事者たちそれぞれの望みを同時に成立させることができない（両立不可能）状況が存在する。これが紛争成立の2つ目のポイントでした。

つまり、お互いの希望が同時に実現しないという「状況」を変えることができれば、解決が可能だということです。

ひとりよがりの主張をぶつけて一歩も譲らない当事者たちに、相手に対する配慮を促す。相手は敵ではなく、一緒に解決を目指す協力者なのだと思わせる。

簡単なことではありませんが、紛争の解決はこの試みを粘り強く続けることでしか実現できないのです。

●別の問題に目を向けさせる

あるいは、当事者にもっと切実で深刻な問題に目を向けさせることで解決につながる場合もあります。

私たちには、自分を守ろうとする防衛本能や適切に行動しようとする合理的な思考が備わっています。だから、目の前に差し迫った危機があれば、たとえ過去の恨みやわだかまりがあっても、「今、そこにある危機」への対応を優先するものです。

要するに、紛争当事者に「今は争っている場合じゃない！」と思わせるのです。

映画『インデペンデンス・デイ』では、争っていた世界の国々が、宇宙人が侵略してきたことによってひとつにまとまりました。

同じように、武力紛争にまで発展した「争いの原因」が残り火のようにくすぶっていたとしても、もっと大事な問題があると当事者たちに気づかせることができれば、紛争が繰り返されるリスクは減るでしょう。

当事者たちの視野を広げ、共通の危機や利益に目を向ける手助けをする。

それが仲裁者の役割なのです。

別の問題に
目を向けろー!!
お前がオレの
鹿の肉を
盗んだ

争った相手との関係は修復できるの？

●「和解」に必要な3つの要素

仲裁者の働きかけや当事者の判断によって、争いが止まったとしましょう。
当事者の間で「もう殺し合いはやめよう」という合意が得られました。
しかし、平和を実現するためには、この合意が守られなくてはなりません。
それができなければ、また争いが繰り返されてしまうからです。

では、当事者が合意を守るためには、どんな取り組みが求められるでしょうか？
それは「和解」、つまり仲直りです。
では、紛争後の和解とは、どんな手続きなのでしょうか？

和解には、次の3つの要素があります。

①賠償

加害者が罪を償う（つぐなう）ために、被害者の損害を金銭などで埋め合わせる。

②謝罪

加害者が罪を認め、被害者や遺族などの関係者に謝る。

③赦し

被害者が加害者の行為を赦す（被害者が代償を求めずに赦すこともある）。

①と②は加害者側、③は被害者側のアクションです。

第2次世界大戦より前の戦争では、敗者が勝者に謝り、勝者が敗者を赦すといった慣習はありませんでした。

しかし、第2次大戦以降、和解の課題が浮上することで、謝罪と赦しが議論されるようになったのです。

私たちは、紛争が終わったあとで国家指導者の戦争犯罪を裁くことができます。

しかし内戦では、このような裁判が適さない（できない）ケースがあります。


第1章でも取り上げたルワンダの内戦の例を見てみましょう。

この内戦では大規模な虐殺が発生しました。

一方の民族がもう一方の民族を消滅させようとした大惨事です。

もちろん、虐殺を計画し、指揮した人間は刑法にもとづいて処罰されます。

しかし、ルワンダは内戦が終わった直後で国のしくみがまだ整っておらず、殺害に参加した何万人もの市民をすべて裁判にかけるのは不可能でした。そこで代替策として和解という選択肢がとられたのです。


ルワンダと同じように虐殺があったカンボジアや東ティモールでも、貧しい市民が虐殺に加わっていました。

しかし、彼らは有罪になっても賠償するお金を持っていません。

ですから、被害者や遺族に慰謝料を支払うことができませんでした。

壊した家や家財道具を弁償することはできても、奪った命に相当する金額を補償することなどできない。そんな人がほとんどでした。

この場合、被害者や遺族は、十分な金銭的補償がないのに謝罪だけで加害者を赦すことができるでしょうか？

●東ティモールでの和解

東ティモールで実際に何が起きたのか、見てみましょう。

東ティモールはかつてインドネシアの支配下に置かれていました。インドネシア軍や警察と、その支配に抵抗するゲリラとの間で激しい内戦が続き、その間、理由のない逮捕や拷問などの人権侵害が日常的に起きていました。

さらに悲劇が続きます。

住民投票によって東ティモールがインドネシアから独立することが決まると、これまでインドネシア側の手先となっていた民兵（暴力団組織）が、独立を支持してきた人々を殺害し始めたのです。

独立が実現しても、隣人同士で殺し合った過去の傷は癒えません。

そこで国連は、両者の和解を後押しすることになりました。

その一環として設立されたのが「受容真実和解委員会」というものです。

加害者は、被害者や遺族に自分が犯した罪の事実を認め、理由や経緯などを告白することと引き換えに、罪が赦されるというものでした。

もちろん殺人など重い罪を犯した容疑者は法廷で裁かれましたが、暴行や器物破損などの軽い罪の場合は、この方式での和解が進められました。

罪を犯した人々の多くは貧しい若者たちです。彼らには弁償する経済力がなかったので、被害者や遺族は泣き寝入りするしかありません。

「自分の夫を殺した隣人は、数年間刑務所に入ったあと、仕事を得てこれまで通り暮らしている。ところが自分はどうだ。稼ぎ頭の夫を失って、国からの生活保護もない。7人の子どもを養うことはできず、一家はバラバラになってしまった」

そう言って嘆く女性にも出会いました。

被害者や遺族は、加害者から心のこもった謝罪もなく、賠償や生活の保障もされないまま、上から和解しろと押しつけられて不満を爆発させます。

結局、被害者遺族には遺族年金が支払われることになり、ようやく社会全体が安定を取り戻していきました。

●家族を殺した人を赦す

東ティモールの例からわかるのは、和解とは3つの要素のどれが欠けても成立しないということでしょう。

被害者は賠償金が手に入ったからといって、それで加害者を赦せるわけではありません。また、心からの謝罪があっても、生活の保障がなければ生きていけません。

さらに、賠償と謝罪が用意されても、赦すかどうかを決めるのは被害者です。

被害者は加害者を赦すことで、ようやく過去の呪縛(じゅばく)から解放されるのでしょう。

だとすれば、和解の実現において最も重要なのは、被害者の赦しなのではないでしょうか。

ネパールの内戦で、夫を隣人に殺されたという女性に出会いました。

彼女がその隣人の真剣な謝罪と奉仕を受け入れ、互いに涙を流して抱き合う場面を見かけたことがあります。

赦しには、本当の意味での和解を実現させる強い力があるのです。

第6章

私たちが争いを避けるために

ここまで、国と国、政府と反政府勢力、民族・宗教が異なる人たちによる争いがどのように生まれ、どうすれば解決できるのかについて詳しく見てきました。

争いは大きな集団同士で起きるものばかりではありません。

本書の冒頭でもふれましたが、私たち一人ひとりもまた、紛争の当事者になる可能性があります。また、どんな大きな戦争も、最初のきっかけをつくるのはひとりの人間だという見方もできるでしょう。そこで最後の章では、私たち個人が争いを避ける方法について考えていきたいと思います。

「正しい」「正しくない」で争わない

世の中には自分とは異なる価値観や倫理観を持った人たち、損得勘定で動く人たちが大勢います。「あなたの価値観は間違っている」「私の価値観の方が正しい」と主張して、円満な解決に至ることはまずありません。

社会の中で、価値観、倫理観、損得勘定の考え方などが対立したとき、どうやってそれを克服していけばいいのか。これはとても重要な問いです。

紛争の渦中にあると、自分が正しくて相手が間違っていると思いがちです。

だから、相手を説得しよう、あるいは相手の誤りを指摘しようと不毛なことに神経を集中させてしまうのです。

しかし、「正義」がいかにあやしいものであるかは第3章で述べた通りです。「正しい」「正しくない」を争っても意味がありません。

そもそも私たちの社会は、さまざまな「正しさ」を信じる人たちが集まってできています。だから、唯一絶対の「正しさ」など見つけられないのです。

他者と自分の「正しさ」が違うことを知る。

このことを確認して、次の段階に進むのが紛争解決の道なのです。

勝利ではなく満足を追求する

「正しさ」を追求するバトルを放棄すれば、勝利はゴールではなくなります。

これでようやく、紛争を口論ではなく建設的な話し合いに変換できました。

ただし、話し合いの目的は相手を説得することではありません。

ましてや「論破」することでもありません。

そんなことをすれば、相手の感情を逆なでして状況を悪くするだけです。

話し合いというと、「ディベート」を連想する人が多いかもしれません。

ディベートは、自分の立場を整理し、自分の意見に賛同してもらえるように理路整然と話す訓練としては効果があるでしょう。

しかし、紛争解決を目指す私たちが身に付けるべき技能とは異なります。

勝利を目指すディベートではなく、対話（ダイアローグ）を通じて紛争を解決していくことが、私たちの目的だからです。


では、対話では何を目指せばいいのでしょうか？

それは「満足」です。自分がこうしたいという要望（これをニーズと言います）が叶えばいいのであって、相手に勝つ必要はありません。

勝負に勝つことではなく、満足することを目指す――。

この思考の切り替えができると、対話が可能になります。

学校では正解と論理を追求するように教えられるでしょう。しかし、正解と論理の二刀流では満足という視点は見落とされてしまいます。正しくなくても満足はできる。論理的でなくても満足はできる。勝てなくても満足できれば人は歩み寄れるし、合意を結ぶこともできます。正解はひとつかもしれませんが、満足をもたらすものは複数あります。紛争解決の現場でも、論理的に正しい道を追求するより、当事者の感情に寄り添う方が満足度が高くなりやすいのです。

思い込みを捨てる

紛争を解決するとき、最もやっかいなのは「思い込み」です。

思い込み、すなわち固定観念です。

固定観念とは、その人が100パーセント正しいと信じている考え方で、簡単に変えることができません。それどころか、私たちの行動に制約を与え、思考の枠組みも狭(せば)めてしまいます。

領土問題と聞けば、土地を分割するアイデアしか出てこなくなる。人権侵害と聞けば、譲歩は一切できないと考えてしまう。別の民族とは絶対に共存できないと考えて相手を攻撃しようとする。

こうした傾向を単純だと笑うことは簡単ですが、私たちの意識の中にも強い固定観念や先入観があることを自覚すべきでしょう。

固定観念にしばられないためには、まず、自分が属する社会の常識を自覚することが大切です。そのために有効な手段のひとつが「旅」でしょう。

自分が生まれ育った環境とは異なる場所に身を置くことで、自分が無意識のうちに信じている考え方の輪郭(りんかく)が見えてきます。また、それまで自覚したことがなかった自分の中の偏見に気づくかもしれません。

旅の中でも、とくに予期せぬハプニング、不愉快な出会い、違和感を覚える経験が大切です。それこそが私たちに考えるきっかけを与えてくれるからです。

異なる世界の人々と交流する。異なる世代の人々と一緒に住んでみる。自分の学校や職場とは異なるコミュニティーに属する人々と交わってみる。

こうした経験が刺激となって、他者への想像力が豊かになっていくのです。

固定観念を捨てるメリットは、解決方法に複数の選択肢が得られることです。

たとえば、時間。今すぐ対応するのか、1年間で対応するのか、それとも10年先を見ながらじっくり対応するのか、というように「締め切り」を動かすことで、出てくるアイデアにも変化が生まれてくるはずです。

また、自分と相手だけに限定した解決策なのか、グループやチーム全体の取り組みを視野に入れるのか、それとも社会全体を含めて考えるのかによって、選択肢の次元や幅が変わってきます。

一般的に、紛争の当事者は、短期的な視点や狭い視界でしか物事を見ることができません。遠くを見ることができなくなっていることが多いものです。

また、過去にこだわるあまり、未来が見えなくなってしまいがちです。

これは、第1章の「サンクコスト」の説明で指摘した通りです。

彼らの固くなった頭を解きほぐし、霧に包まれた視界を晴らすためには、仲裁者の助け舟が必要なときもあります。その一例を次に紹介しましょう。

AかBかの二者択一で考えない

土地をめぐる争いの解決策の項で、ゼロサムの関係についてふれました。

ゼロサムとは、一方が何かを得ればもう一方がそれを失うといった関係です。紛争解決学では、このゼロサムの関係を非ゼロサムの関係に転換することに取り組みます。

こんな例で考えてみましょう。

あるところに、桜子と桃子という姉妹がいました。姉の桜子は高校を卒業してから家を出て、今は都会暮らし。実家にはほとんど帰っていません。

一方、桃子は地元で就職して、実家で両親と住んでいました。しばらくして母が亡くなり、父親もまた、この世を去りました。そこで2人の姉妹は、両親が遺(のこ)してくれた家と土地を分けることになりました。

法律では姉妹が遺産を分ける場合、一方が2分の1を得る権利があります。桜子は遺産の土地と家を売った金額の半分を要求しました。

しかし、桃子は何となくモヤモヤしています。家を売ればそれなりの財産は手に入りますが、思い入れのある家を手放すことは考えられません。姉の態度にもやりきれない感情がくすぶっています。「父親の介護や家の管理をしてきたのは自分なのに」という複雑な思いがあり、話し合いに応じたくありません。

この場合、あなたが仲裁者なら、どんな解決策を提案するでしょうか？

必要なのは、2人が求めていることに注意深く耳を傾けることです。桜子としては残された遺産の「半分」が手に入ればいい。一方、桃子は実家にそのまま住んでいたい。それに姉の態度がひっかかっている。

だとすれば、桜子は両親の遺産の半分相当を「現金」で手にし、桃子は家と土地をそのまま受け継ぐという解決策が考えられるでしょう。そのうえで、姉を促して妹にねぎらいの言葉をかけさせるのです。

ゼロサム的発想では、「分割する」という解決策しか生まれません。

しかし、非ゼロサム的解決策を目指せば、可能性は無限に広がるのです。

自分の心の動きを観察する

争いを解決するには、感情をコントロールすることが必要です。

差別されたり、個人の大切な尊厳を傷つけられたりしたら、平静を保つことなどとても無理でしょう。

しかし、思考を感情に支配されていては、合理的な判断や冷静な情勢分析はできません。では、感情を押し殺すことなく、感情の支配から脱するにはどうしたらいいのでしょうか？

まずは、自分を客観視できる「もうひとりの自分」を持つことです。

自分が抱いている感情がどんなものなのか、観察できる心の余裕を持つのです。

大事なのは、感情に任せて衝動的に動かないことでしょう。

怒りや悲しみなど、自分の感情がたかぶっていることに気づいたら、大きく深呼吸して、全身に酸素を届けます。

脳に酸素が十分届けば、思考力が高まります。普段は無意識にしている呼吸に意識を向けてください。大きく吸って、横隔膜が上下に動く感覚を確かめます。

肺を大きく膨らませ、それからゆっくりと空気をしぼり出します。

呼吸を意識するには「6秒吸って6秒吐く」を繰り返すといいでしょう。

これはいわゆるアンガーマネジメント（怒りのコントロール）の考え方です。

呼吸が整ったら、今度は自分の感情をのぞいてみます。

自分はなぜ、こんなに怒っているのか？

何が不安なのか？

何を恐れて、何におびえているのか？

こんなふうに、自分の心に問いかけてみるのです。

言葉で問いかければ、思考の歯車が回り始めます。感情がわき出てくる「泉」を突き止めるように、自分の心の動きを観察するのです。そうすれば、心が落ち着きを取り戻し、客観的に自分を見ることができます。

相手の主張に耳を傾ける

相手を説き伏せようとしても、感情的になっている人には何も聞こえません。相手もまた、自分と同じように感情を持った存在なのです。このことを確認したうえで、自分の感情を見つめたように、相手の感情も観察してみましょう。争いに発展しかけているのですから、相手のことを理解しようとするのは簡単ではありません。

しかし、相手がなぜそう考えるのか、どうして譲らないのか、その理由がわかれば、こちらの心も少し穏やかになります。

ここで有効なのは「傾聴」、つまり相手の言葉に耳を傾けることです。相手が何を欲しているのか、それはなぜなのか、問いかけてみるのです。質問をすることで、背後にどんな感情が潜んでいるのかを理解できるでしょう。相手に共感する必要はありませんが、相手の感情を否定してはいけません。

紛争に直面した人たちを観察していると、主張を声高に唱え、相手の言い分に反論し、自分の立場を正当化しようとする人が多いことに気がつきます。

相手の意向や希望、気持ちに耳を傾けようとする人はほとんどいません。興奮しているときは、自分の気持ちを訴えるだけで精一杯でしょう。

しかし、自分の主張は少し脇に置き、相手の言葉に耳を傾けてみてください。紛争解決の第一歩は、相手が口に出さない心の声を探ることから始まるのです。

おわりに

最後まで読んでいただき、ありがとうございます。

本書ではさまざまな問題を取り上げましたが、安易に答えを出すことはしませんでした。紛争解決学で扱う問題の多くは、はっきりと白黒をつけられるものではないため、みなさん自身に〝正解〟を導いてもらいたかったのです。この「おわりに」でも、次の思考のステップに役立つ新たな問いかけをしてみたいと思います。

最終章では、紛争の当事者が「勝利」ではなく「満足」を求めるように、目標設定を変えなければならないと書きました。

では、どうすればその目標を変えることができるでしょうか。

いったん紛争が起きてしまったら、当事者自身が見方を変えることは至難(しなん)の業(わざ)です。とくに、戦争も辞さないという決意を固めたリーダーたちが軌道修正をするのは簡単なことではありません。

では、当事者が意識を変えるためには何が必要なのでしょうか。

これが、みなさんに考えてほしい最後の問いです。

ひとつの手がかりとして、「仲裁者」の存在が挙げられるでしょう。

紛争の当事者たちは、一度争いが始まると、相手に「勝つ」ことだけが唯一の解決策だと信じて疑いません。そんな当事者たちを立ち止まらせ、状況判断を見直すように促す存在として、本書では仲裁者の役割に光を当てました。

相手と争わなくても、当初の目的が達成できる――。

そんな道が見えてくれれば、当事者たちが勝利にこだわる必要はなくなります。

しかし、結果がわからない不確かな道を歩むには、大変な覚悟が必要でしょう。

そのとき、一緒に伴走してくれる相手が仲裁者なのです。

もし、みなさんが個人レベルの争いで仲裁者になる機会があれば、伴走者となって、紛争の当事者たちを和解に導いてあげてください。

紛争を経験した当事者たちは、相手に対する信頼を失っています。身も心も傷ついているでしょう。仲裁者として当事者たちの心の隙間を埋めることができれば、軌道修正を促すことができます。そのとき、当事者の思考を「勝利」から「満足」に転換させるヒントが見えてくるかもしれません。

最後に、本書を編集してくださったWAVE出版の木田秀和さんと、イラストレーターの山岸あゆみさんに、この場を借りてお礼を申し上げます。

木田さんとの対話は知的な刺激と発見に満ちていて、喫茶店が閉店になるまで何度も話し込んでいたことがあります。

山岸さんのイラストは、硬くなりがちな文章の「砂漠」の中で「オアシス」のような役割を果たしてくれました。グラフィックレコーディングを得意とする山岸さんとの打ち合わせは、言語を超えて視覚で意思を共有するプロセスを体感することができました。

山岸さんが描いたくれたチビタとデカオが、物語の世界の中でうまく「和解」してくれることを祈っています。

著者

参考文献

『紛争解決学入門　理論と実践をつなぐ分析視角と思考法』上杉勇司・長谷川晋　大学教育出版（2016）
『ワークショップで学ぶ 紛争解決と平和構築』上杉勇司・小林綾子・仲本千津　明石書店（2010）
『戦争論〈上〉』カール・フォン・クラウゼヴィッツ（清水多吉 訳）中公文庫（2001）
『ガルトゥング平和学の基礎』ヨハン・ガルトゥング（藤田明史 編・訳）法律文化社（2019）
『「正しい戦争」は本当にあるのか』藤原帰一　講談社＋α新書（2022）
『人道的介入――正義の武力行使はあるか』最上敏樹　岩波新書（2001）
『リヴァイアサン〈1〉〈2〉』ホッブズ（永井道雄・上田邦義 訳）中公クラシックス（2009）
『アイルランド紛争史（戦史ノート　56巻）』山崎雅弘　六角堂出版（2015）
『完訳 統治二論』ジョン・ロック（加藤 節 訳）岩波文庫（2010）
『ドキュメント 戦争広告代理店～情報操作とボスニア紛争』高木 徹　講談社文庫（2005）

※（　　）内は出版年。

著者 ● 上杉勇司（うえすぎ・ゆうじ）

早稲田大学国際教養学部教授・大学院国際コミュニケーション研究科教授

国際基督教大学教養学部を卒業後、アメリカ・ジョージメイソン大学大学院紛争分析解決研究所で紛争解決学の修士号を取得。その後、2003年にイギリス・ケント大学で国際紛争分析学の博士号取得。2002年にNPO法人沖縄平和協力センターを設立し、平和構築の現場で活動する。カンボジア、東ティモール、インドネシア、アフガニスタン、スリランカ、シリア、ボスニアなど世界各地の紛争地で、現地の平和に貢献する活動や研究を行ってきた。2007年より広島平和構築人材育成センターの立ち上げに関わり、次世代の平和構築のプロフェッショナルの養成に従事。2013年には日本政府の代表として、フィリピンのミンダナオ和平プロセスに関わり、警察部門の提言書を取りまとめた。著書に『ワークショップで学ぶ 紛争解決と平和構築』（明石書店）、『紛争解決学入門』（大学教育出版）、『国際平和協力入門』（ミネルヴァ書房）など。

イラスト／マンガ ● 山岸あゆみ

紙とペンがあったら無意識に落書きしちゃうイラストレーター。絵と字を描く／書くことが大好き。リアルタイム描画に定評があり、グラフィックレコーダーとしても活動中。

Instagram @ayumi.illust **Twitter** @ayumi70339135

本文デザイン・装丁 bookwall

どうすれば争いを止められるのか

17歳からの紛争解決学

2023年1月31日 第1版 第1刷発行

著　者 上杉勇司

発行所 WAVE出版

〒102-0074 東京都千代田区九段南3-9-12

TEL 03-3261-3713 FAX 03-3261-3823

振替 00100-7-366376

E-mail : info@wave-publishers.co.jp

https://www.wave-publishers.co.jp

印刷・製本 萩原印刷株式会社

NDC319 247p 19cm ISBN978-4-86621-442-9